연주자를 위한 신체 컨디셔닝

Ejercicios para músicos

옮긴이/ 허승수
음악칼럼니스트. 대학 재학 중 스페인으로 이민, 현재 스페인 바르셀로나에서 후학을 지도하고 있으며, 칼럼 및 한국 유학생들을 위한 가이드 활동하고 있다.

감수/ 이석범
현재 이석범 정형외과(www.88clinic.com) 원장
연세대학교 의과대학 졸업, 연세대학원 정형외과 의학박사, 연세의대 정형외과 연구교수, 이화여대 목동병원 정형외과 교수, 한림대학교 평촌성심병원 정형외과 교수, 미국 롱비치 메모리얼병원 남가주 스포츠의학센터 연수, 미국 워싱턴 의과대학 정형외과 견, 주 관절 교환교수, 미국 메이요 클리닉 정형외과 겨, 주, 완관절 임상교원, 미국 메이요 클리닉 정형외과 생역학 연구교원
대한정형외과협회 정회원, 대한골절학회 정회원, 대한슬관절학회 정회원, 대한스포츠의학회 정회원, 대한선수트레이너학회 이사, 연세대학교 관절경 관절연구소 학술위원, 대한럭비협회 이사

연주자를 위한 신체 컨디셔닝
Ejercicios para músicos

초판 제1쇄 발행 2007년 7월 25일

펴낸곳/모노폴리
펴낸이/강정미

등록번호 제2005-48호 등록날짜 2005년 8월 9일
주소/121-704 서울시 마포구 도화2동 36번지 고려빌딩 822호
전화/02)3272-6692 팩스/02)3272-6693
http//www.mpmusic.kr

ISBN 978-89-91952-03-4 93670
값 12,000원

En forma : ejercicios para músicos by Esther Sardà Rico
This Book ⓒ Copyright 2003 by Ediciones Paidós Ibérica, S.A.

Korean translation edition ⓒ 2006 by monopoly published by arrangement with Ediciones Paidós Ibérica, S.A., Barcelona through Bestun Korea Agency, Seoul.
All Rights reserved

이 책의 한국어판 저작권은 베스툰 코리아를 통해 Ediciones Paidós Ibérica, S.A.사와의 독점계약으로 한국어 판권을 도서출판 모노폴리가 소유합니다.
저작권법에 의하여 한국 내에서 보호를 받는 저작물이므로 무단 전재 및 무단 복제를 금합니다.

Printed in Korea 2007

연주자를 위한 신체 컨디셔닝
Ejercicios para músicos

에스더 살다 리코 지음 / 허승수 옮김 / 이석범 감수

| 차 례 |

감사의 글   7
추천의 글   8
서 문   11

제1부

제1장 해부학의 기본개념   15

1. 해부학상의 위치: 축(軸)과 면   15
2. 운동기관   19
      2.1. 뼈와 관절   19
      2.2. 근육과 근 수축   21
3. 신경계   24
4. 호흡기계   29
보다 잘 이해하기 위해서   32

제2장 음악동작   35

1. 음악 동작에 대한 접근 방법   37
2. 정적 요소: 직립자세의 유지 · 두부(頭部) · 골반   39
      2.1. 정적 자세의 조절   41
3. 동적 요소: 등뼈 · 상지(上肢)   45
      3.1. 동적 자세의 조절   49

4. 적절한 음악훈련을 위한 전체적인 주의사항	53
5. 유년기의 음악활동	55
보다 잘 이해하기 위해서	58

제3장 음악가의 신체 운동 컨디션　　　　　　　　　　　　61

1. 신체적 성질	61
1.1. 신체 운동 컨디션	61
2. 신체 컨디셔닝의 이점	67
2.1. 일반적인 효용	67
2.2. 음악가에게 있어서의 효용	67
3. 음악가용 트레이닝 프로그램의 기본	69
4. 스포츠 · 운동 추천	71
4.1. 음악가에게 추천하는 운동	71
4.2. 운동 선택과 실시에서의 중요한 주의사항	72
보다 깊이 이해하기 위해서	73

제2부

제4장 음악가를 위한 신체 컨디셔닝　　　　　　　　　　　　75

1. 음악훈련에서의 호흡 컨트롤	76
1.1. 호흡 컨트롤	77
2. 음악훈련에서의 워밍업	79
2.1. 워밍업	81

2.1.1. 상지(上肢)	82
2.1.2. 두부(頭部)·체간부(體幹部)	94
2.1.3. 하지(下肢)	101
3. 음악훈련에서의 스트레칭	105
3.1. 스트레칭	107
3.1.1. 상지(上肢)	107
3.1.2. 두부·체간부(體幹部)	116
3.1.3. 하지(下肢)	123
4. 음악훈련에서의 조정력	129
4.1. 조정력 트레이닝	131
보다 깊이 이해하기 위해서	140

제5장 음악환경　　　　　143

1. 에르고노믹스의 기본개념	143
1.1. 자세 : 선 상태? 아니면 앉은 상태?	144
1.2. 악기	153
1.3. 시력과 청력	157
1.4. 음악환경의 실내온도·습도	160
보다 깊이 이해하기 위해서	160

제6장 악기별 트레이닝 리스트 10　　　　　163

용 어 해 설	179
참 고 문 헌	185

| 감사의 글 |

    이 책의 출판에 있어서, 초고를 참을성 있게 읽고 수정을 위해 충고를 해준 형제 호세 이그나시오, 음악가의 신체 컨디셔닝에 관한 장(章)을 집필하는 데 협력해주었던 베트렘 고밀라, 그리고 나를 신뢰하며 집필을 권하고 전반적으로 편집을 지휘해준 편집장 토마스 페이레와 멋진 일러스트를 그려준 그의 아들 토마스 페이레 세라테에게 깊은 감사의 뜻을 전한다.

    또한 내가 지금까지 관계를 맺어온 모든 음악가들에게도, 이 자리를 빌어 감사하다는 말을 하고 싶다. 그들과의 경험이 이 책을 써나가는 데 있어서 중요한 열쇠가 되었다. 마지막으로 집필 중에 항상 격려를 아끼지 않았던 모든 가족들, 특히 인내심과 애정을 갖고 나를 지지해주었던 가장 사랑하는 반려자 조르디에게 감사하다.

| 추 천 의 글 |

    우리들이 알고 있는 가장 오래된 악기[1]는 기원전 1만 년경의 것으로 추정되는 토나카이의 발가락뼈로 만들어진 1음 피리와, 같은 시기의 뼈에 2개 또는 3개의 구멍이 뚫려있는 피리이다. 바그너는 악극 《지크프리트》에서 갈대피리로 새 울음소리에 답하려고 하는 영웅의 모습을 재현하고 있다. 이와 같이 초기 악기는 인류가 대자연에서 발생하는 음악을 모방하려고 하는 시도 가운데 생겼을 것이다.

    원시시대의 사람들이 그와 같은 악기제작에 이끌렸던 영감은 18세기에 가장 좋은 음색을 가진 바이올린을 만들어낸 스트라디바리우스나 복잡한 피아노포르테를 고안한 크리스트포리[2]의 양손에 전수된 것과 다르지 않을 것으로 생각된다.

    음악가는 뼈로 만들어진 플루트나 바이올린, 피아노포르테, 그 외의 모든 멋진 악기들이 강요하는 자세나 동작에 적응해야만 했다. 그렇게 함으로써 보다 매력적인 음을 낼 수 있다고 생각되어 왔기 때문이다. 이러한 악기들은 도중에 파가니니나 슈만과 같은 역사상 인물의 손을 거치면서 시대에 따라 계속 연주되어, 그 디자인의 본질을 현대에까지 계속 유지하고 있다.

    어떤 경우에도 악기를 제작하는 쪽에서는 그 악기를 연주하기 위한 자세와 동작의 반복이 신체에 손상을 미칠 가능성에 대해서는 고려하지 않았다. 물론 그 시대에는 오늘날 우리들이 인식하고 있는 생체역학이나 인간공학과 같은 근대과학의 개념이 아직 알려지지 않았다. 인체해부학 자체가 16세기에 들어서서 다빈치나 베살리우스[3]가 나타나기 전까지 학문으로서 이해되지도 않았다는 것을 잊지 말아야 하며, 이전 세기까지 과학 개념이 상당히 제한된 영역에서 벗어나지도 못했다는 사실도 고려해야 할 것이다.

    현대의 음악가라면 누구나 어떻게 해서든 접근하고 싶어 하는 과거의 위대한 클래식 대가들의 레슨 방법에 대해서도 기억해 둬야 한다. 아버지가 아이를 방에 가둬두고, 아이인 바이올리니스트에게는 도저히 연주할 수 없는 프레이즈를 지쳐버릴 때까지 반복하게 했던 소년 니콜로 파가니니나, 휴대용 건반으로 몇 번이나 훈련을 반복하며, 넷째손가락의 독립성을 얻으려고 애썼던 가련한 슈만의 모습을 상기해보자. 사물의 일반화에는 어폐가 따르지만, 대개 음악가는 예전부터 내려온 양식을 당연한 것으로 본받고 있으며, 원시시대 사람들이나 위대한 음악가들로부터 이어진 어떤 "유전적 부담"의 보유자라고 할 수 있을 것이다. 그들은 과학지식의 진보와 함께 레슨 방법도 수정되어야만 한다는 것과, 보다 좋은 연주 효율을 얻기 위해서 뿐만 아니라 병리 증상을 피하기 위해서도 중요한 신체에 대한 계속적 배려를 간과하게 되었다.

누구든 현대의 마라톤 선수들이 뛰어난 노력으로 42km의 거리를 완주한 후에 힘이 다했다는 고대 그리스의 전령병(傳슈兵)과 아직까지도 똑같은 신발·똑같은 달리는 방법으로 경기를 한다고는 생각하지 않을 것이다. 스피드나 지구력의 향상 등 날로 약진하는 운동경기의 성과가 스포츠 분야에 대한 생체의학의 관여에 의한 것은 주지한 대로다. 또 생체의학은 한계란 어떤 것이고, 도대체 어디까지 무리할 수 있는지와 같은 여러 문제를 정의하는데도 크게 공헌하고 있다.

그리고 의학의 눈은 마침내 음악가에게로 향하게 되었다. 이것은 꽤 예전부터 음악가 집단이 희망했던 것이다. 지금까지 거의 경시되어 온 음악가들의 건강상 문제가 여러 의료전문가가 주목하는 연구대상이 되었다고 할 수 있다.

스포츠 분야에서 일어난 것과 마찬가지로 음악가에 대한 지원을 목적으로 한 다양한 훈련을 받은 의사들로 이루어진 팀이 결성되어, 현재 관련 저널, 서적 출판을 비롯하여 각지에서의 강연활동이나 과격한 음악활동이 원인이 되어 생긴 질환에 관한 연구 회의의 기획 등을 하고 있다. 몽토방(프랑스)에 있는 유럽예술의학협회 본부와 지리적으로도 가까운 카탈로니아 지부는 의학–음악의 양 분야에 관련된 테마에 관심을 기울이는 모든 사람들 사이에서 정보교환·포럼의 장소가 될 것이다.

이 책은 그러한 환경적 배경 속에서 태어났다. 저자 에스터 살다 리코는 몇 년 전부터 특히 음악가 사이에서 빈번하게 볼 수 있는 운동기관의 이변 치료에 공헌해온 것으로 이름이 알려진 이학요법사(理學療法士)임과 동시에 악기연주에 관여하는 신체의 움직임이나 정상 상태에 관한 생리학의 연구자이기도 하다. 또, 이 분야의 선구자이기도 하며, 유럽예술의학협회 카탈로니아 지부의 설립을 호소한 한 사람이다. 그 외에도 대학교육에서 처음으로 무대예술의학의 연구를 다룬 코스의 공동 코디네이터를 맡아했고, 유럽예술의학협회의 학위를 받은 최초의 스페인 사람이기도 하다. 이와 같은 이유로 우리들은 그녀가 가진 지식을 매일 의료 지원 현장에서 참고로 하고, 의문을 해명하며, 견해를 확인할 필요가 있는 경우에 크게 도움 받고 있다.

『음악가를 위한 신체 컨디셔닝』은 그녀가 전문가로서 열심히 헌신한 끝에 얻은 경험의 소산이며, 동작 자세에 관한 개념을 명확히 한 각종 악기를 위한 워밍업과 손상 예방을 위한 트레이닝 방법을 게재한 서적의 등장을 바라고 있던 음악가들의 요망에 부응하기 위해 탄생했다. 또한, 우리 의학 관계자에게도 의료에 관한 기초지식을 늘리고, 음악가 환자들이 안고 있는 문제를 순조롭게 해결하기 위한 유능한 문헌으로서 상당히 가치 있는 것이다.

따라서 이 책의 출판을 기뻐함과 동시에 저자의 진취 정신을 마음으로부터 축복하고 싶다.

루이스 오로스코 델크로스
의학박사(외과의)
외상학 정형외과학 전문

편집자 주
(1) 세계 최고(最古)의 악기에 대해서는 여러 설(說)이 있는데, 2004년 12월 16일, 독일의 츄빙겐 대학의 니콜라스 코너드 박사팀에 의해 발표된, 독일 남서부의 동굴에서 출토된 맘모스의 치아로 만든 플루트(3만 7천~3만 년 전)가 인류가 만든 가장 오래된 악기일 가능성이 높은 것으로 보인다.
(2) 크리스토포리(Bartolommeo Cristofori, 1655~1731); 이탈리아인. 1711년경, 피아노포르테를 제작.
(3) 베살리우스(Andreas Vesalius, 1514~1564); 벨기에의 해부학자. 근대 해부학의 기초를 쌓았다.

| 서 문 |

세계에서 처음으로 음악활동이 원인이 되어 야기된 질환에 대한 기술은 1713년, 베르나르디노 라마치니[1]가 저작 『직업병』 속에서 음악가의 직업 질환의 관련성에 대하여 언급하고 있다. 분명히 그 후에도 악기의 연주기술과 신체생리학과의 관계를 걱정하는 지적이 있었지만, 여러 의료분야에 걸쳐서 음악동작과 여러 질환과의 관련성이 더 자세히 연구되기까지는 20세기의 1980년대까지 기다려야 했다.

음악가들은 청중으로부터의 요구라는 압박을 받고는, 거기에 부응해야 할 예술표현을 연마하려고 그만 무리하게 된다. 그런 음악가들에게 장시간의 레슨이나 희생을 수반하는 음악교육이 초래하는 신체에 대한 부담을 입증하고, 그 실태를 전하는 것이 우리들 연구자에게는 중요한 연구목적이었다.

그리고 그들이 안고 있는 현실적인 문제를 앞으로 한정된 범위에서 모든 악기연주자가 알아두어야 할 기본인 신체적 국면을 단순 명확한 형태로 제기하려고 생각한 것이 이 책을 집필하게 된 계기가 됐다.

음악가는 하나하나의 악기에 요구되는 엄격한 훈련을 견디면서 고독하게 연습하는 경향이 많고, 몇 시간이나 앉은 상태, 또는 선 상태에서 완벽한 연주를 할 수 있게 되기까지 몇 번이나 같은 프레이즈를 연습하는 경우도 많다. 상처를 입는 것은 아닐지, 음악훈련에 필요해지는 손가락의 유연성과 스피드가 떨어지지나 않을지 걱정하며, 일반적으로 운동하는 것에 두려움을 갖고는 실내에 틀어박혀서 생활하고 있다.

그러나 이러한 것들은 음악학교에서 만들어낸 오해다. 유감스럽게도 음악가가 근육을 사용하는 운동을 하면 스피드나 민첩성을 잃게 된다는 잘못된 생각이 아직 존재하고 있다. 지구력·근력·빠르기 등 개인의 신체능력이 실제로 그 사람이 한 행동종류에 따라 향상될 수도 있고 저하될 수도 있는 것은 이치에 맞는 것이다. 그렇기 때문에 예를 들면 기타리스트가 특정한 훈련을 포함한 일련의 트레이닝을 통해서 종래의 힘줄·인대·근육의 유연성을 잃지 않고 근육의 지구력을 향상시킬 수 있다.

이 책은 음악가에게 있어서 이러한 것에 유효한 길잡이가 되기를 바라며 만들어진 것이다.

악기연주, 또는 성악에 종사하는 모든 사람에게 대응한 여러 가지 트레이닝과 조언을 해설하고, 그러한 것을 실시함으로써 신체능력이 향상하며, 최종적으로는 예술표현의 효율이 향상되기를 지향하고 있다. 악기 연주가·성악가들, 이제부터 음악을 시작하려는 사람도 신체의 자세 휴식시간을 취하는 법·워밍업·스트레칭·건강을 위한 주의사항 등 음악을 학습하는데 도움이 되는 기본지식을 얻을 수 있을 것이다.

또 하나하나의 악기와 그것에 수반되는 신체동작의 분석 연구를 채택함으로써 음악가에게 익숙하지 않고 이해하기 어려운 해부학이나 생체역학 지식도 갖춘, 보다 내용이 충실한 책이 되었다. 노래하거나 연주할 때에 다른 신체 부위가 기능하고 있다는 것을 알기 위해서 독자 여러분에게 해부학상의 기본개념을 제공하고, 동시에 각각의 음악훈련에서 쉽게 응용할 수 있도록 각 악기에 알맞은 트레이닝 소개를 하고 있다.

이외에도 혹시 의문을 품게 될지도 모를 의학전문용어의 해설을 권말에 덧붙였다. 그러한 것들은 의료관계자와 마찬가지로 음악가도 알아두어야 할 사항이라고 생각한다. 각 장의 마지막에는 더 자세한 정보를 서술한 "보다 깊이 이해하기 위해서"라는 코너를 마련했고, 권말에는 보다 넓은 전문지식을 추구하고 싶은 사람들을 위해서 참고문헌도 실었다.

이것은 지금까지의 음악가의 질환연구의 긴 도정에 대한 작은 공헌이며, 음악가들에게 "신체"라는 가장 중요한 악기를 알게 할 목적으로 생긴 것이다. 신체에 관한 지식을 바른 자세를 위한 일련의 규칙이나 트레이닝 조언과 결부시킴으로써 음악훈련에 최대의 효과를 가져오고, 반드시 질 높은 음악을 만들어내는 결과로 이어질 것이다.

악기를 연주하고, 노래를 하기 위해서 필요한 신체에 관한 지식은 음악가 집단이나 음악학교에서조차 아직 현저하게 부족하다. 그러나 신체기관의 실태와 음악기술의 접근을 지향한 장애나 트러블을 예방하기 위한 교육이 모든 음악가 예술가 양성의 구성요소가 될 수 있는 것을 잊어선 안 된다.

이 책은 악기 연주자와 성악가, 오케스트라 지휘자를 위해서 쓴 것이다. 각각의 음악집단 내에서의 실제적인 활동은 크게 다를지 모르지만, 예술표현을 위해서 자신의 신체를 사용한다는 점에서는 일치하므로 어떤 입장에서나 얼마간의 도움을 받을 수 있을 것으로 생각한다.

프로음악가에게도, 이제 막 음악학습을 시작한 학생에게도 흥미를 끌 수 있는 내용으로 구성하는 것은 쉽지 않지만, 비록 개개인의 요구가 다르더라도 신체에 관한 지식이 항상 중요한 것임에는 틀림없다. 때문에 간단하게 훑어 넘기지 말고, 주의 깊게 읽을 필요가 있다. 그리고 지도기술을 뒷받침하기 위한 기본개념이나 각 경우에서의 음악동작에 관련되는 여러 가지 신체 부위에 대해서도 기재하고 있으므로 음악교육에 종사하는 사람들에게도 상당히 유익할 것이다.

편집자 주
(1) 베르나르디노 라마치니(Bernardino Ramazzini, 1633~1714); 이탈리아인. 산업의학의 아버지, 노동위생학 직업병학의 시조. 저서 『직업병(De Morbis Artificum Diatriba)』(1713).

제1부

제1장 해부학의 기본개념

음악가는 악기를 연습할 때, 신경계통에 의해 조작되는 여러 근육들을 움직이며 그것들이 연주에 필요한 신체의 자세를 가능하게 하는 뼈 관절을 가동시킨다.

성악가의 경우, 운동 신경의 활동은 기관 내부에서 이루어지지만, 그렇다고 해서 신체의 움직임이 하나도 없다는 것은 아니다. 이 복잡한 톱니바퀴 구조를 이해하기 위해서는 음악 동작에 관계된 신체 부위가 해부학 구조상 어떻게 이루어져 있는가를 알 필요가 있다.

인체를 형성하고 있는 여러 가지 요소가 어떻게 기능하고 있는지를 알면, 무리하는 경우가 많은 악기 연주와 가창에 필요한 자세에 대해서 더 이해하기 쉬워질 것이다. 자기 자신의 신체를 더욱 잘 안다면, 음악 동작과 관련된 신체 부위를 의식하고 보다 적절한 자세를 인식하여 예술 표현에도 좋은 영향을 줄 수 있어 도움이 될 것이다.

1. 해부학상의 위치: 축(軸)과 면

인체를 해부학 구조상으로 위치를 정하기 위해서 양쪽 팔을 몸통 옆으로 놓고, 손바닥을 앞쪽을 향하도록 하여 서있는 자세를 떠올려보자. 눈·머리·양쪽 다리는 앞을 향하고 있고, 양발 끝은 가볍게 벌린 상태이다(그림1). 이 자세에서 앞쪽(前), 뒤쪽(後), 위쪽(上), 아래쪽(下)으로 나눌 수 있다.

그림1.

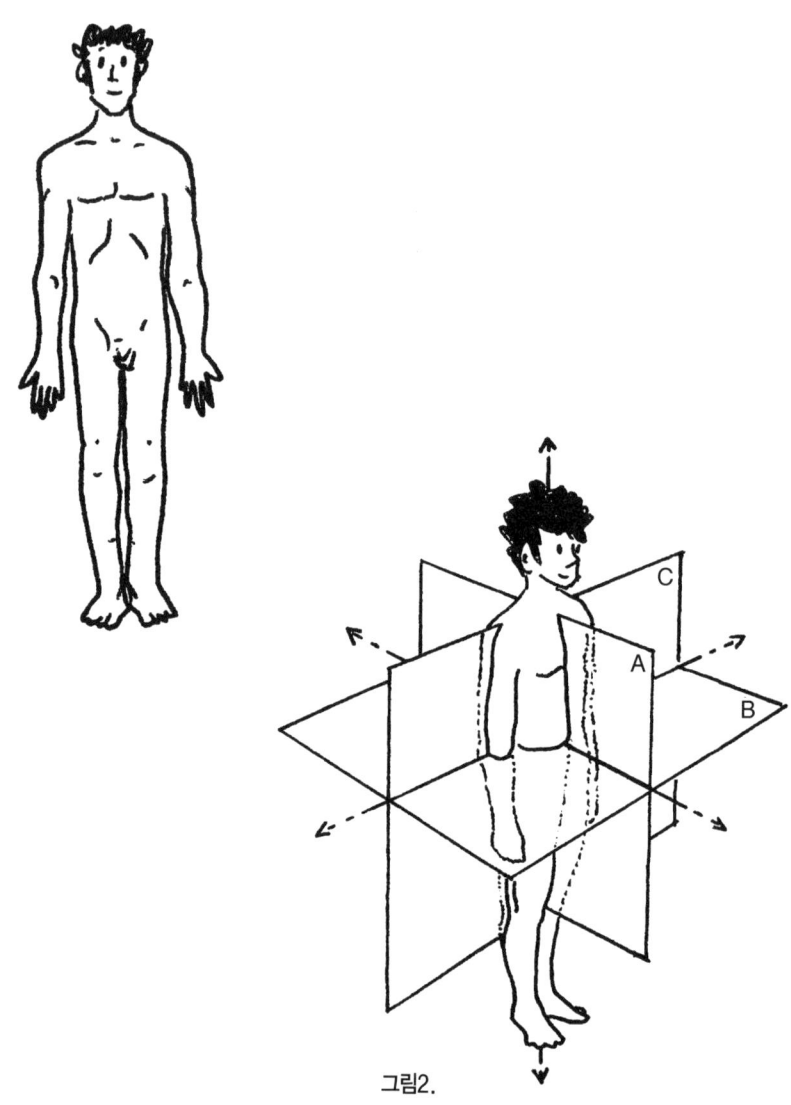

그림2.

    마찬가지로 신체 각 부위의 해부학상의 위치 관계를 알기 위해서, 축과 면을 결정한다. 인체를 관통하는 세 공간의 방향에 따라, 다음과 같이 기준 평면을 정의하겠다(그림2).

시상면 矢狀面(정중면 正中面): 신체를 좌우 2개로 나누는 면(A)
수평면 水平面(횡단면 橫斷面): 신체를 상부(상반신)와 하부(하반신)로 나누는 면(B)
전액면 全額面(연직면 鉛直面): 신체를 앞쪽(복부측)과 뒤쪽(등측)의 2개로 나누는 면(C)

이상 세 종류의 면을 기준으로 하여, 세 방향의 축을 각각 시상축, 수평축, 전액축이라고 정의하고 각 관절의 움직임을 설명할 때에 참고로 하겠다.

의학 관계자들이 관절 운동이라고 말할 때, 일반적으로 그것은 굴곡(屈曲)·신전(伸展), 외전(外轉)·내전(內轉)이나 내선(內旋)·외선(外旋) 등을 가리키며, 또한 전완(前腕)의 회내·회외 운동이나 발의 내반·외반 운동 등과 같이 그 부위에 독특한 움직임도 존재한다.

그런데 신체 관절 모두가 전부, 이런 움직임이 가능한 것은 아니다. 예를 들어, 팔꿈치는 굽히고(굴곡) 펴는(신전) 것과 회내(손바닥을 아래로 향하게 할 때의 동작)·회외(손바닥을 위로 향하게 할 때의 동작)하는 것밖에 할 수 없는 것에 반해, 어깨는 굴곡·신전·외전·내전(양팔을 떨어뜨렸다가 붙였다가 하는 동작) 외에도 회선(回旋·손을 목덜미나 등으로 가져가는 동작)이 가능하다.

이런 다른 관절의 움직임들은 악기 연주와 관련된 것이다. 또한 보통은 한 개의 동작뿐만 아니라 두 개, 또는 그 이상의 조합으로 동시에 이루어지는 것이므로 이 동작들이 어떻게 행해지는가를 아는 것이 중요하다(그림3).

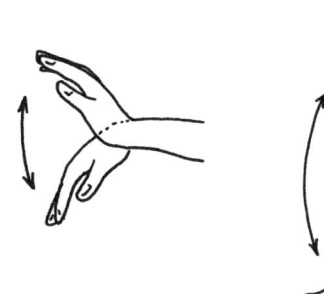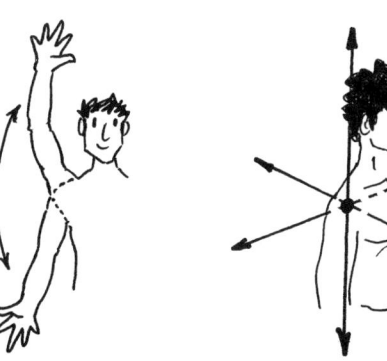

그림3. 여러 가지 관절 동작

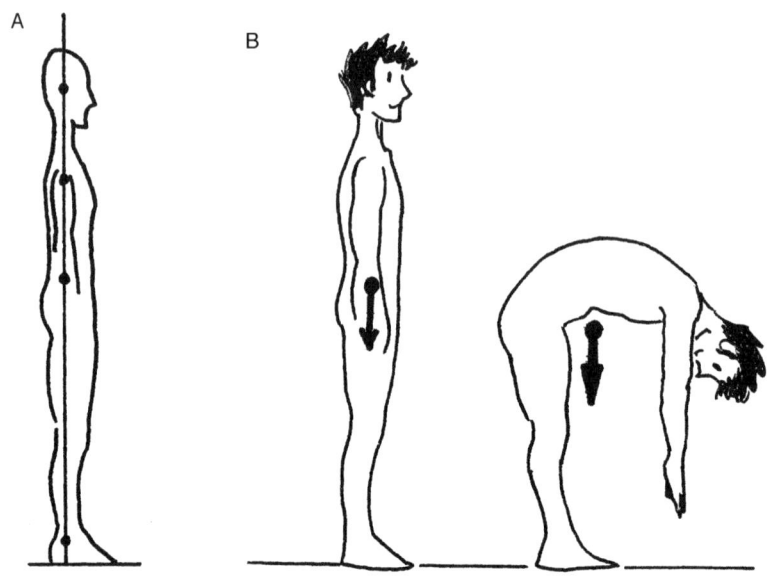

그림4. 중력선(A)과 2개 자세에 있어서의 중심(B)

 신체를 묘사하기 위한 축과 평면이 명확해졌다면, 다음으로 지구상에 살아있는 모든 생물에 있어서 필수불가결한 요소의 하나인 "중력"에 대해서 생각해보자.
 중력은 우리들의 자세와 관련된 만유인력이며, 신체의 여러 부분에 영향을 미치는 것이다. 신체 각 부위에서 움직이는 중력을 하나의 힘으로 대표하게 하여, 그것이 작용하는 점을 중심으로 정의한다. 이것은 해부학상의 자세에서는 요추(腰椎) 아래 부분(제3요추와 제4요추 사이)에 위치하는 것으로 되어 있다.
 또한 인체를 측면에서 보았을 때, 이관(耳管)에서 시작하여 어깨 중심과 대퇴골(大腿骨)·고관절(股關節)의 중심을 지나 복사뼈를 통과하는 직선을 중력선이라고 부른다. 자세 변경에는 항상 이 중력선의 변화와 중심 이동이 뒤따른다.
 자세라는 것은 어떻게 바뀌게 되는 건지, 또 그것이 중력선에 어떻게 작용하는지에 대해서는 제2장에서 다루도록 하겠다(그림4).

이상과 같이 축과 평면이라는 해부학상의 위치를 사용하면, 우리들이 움직이고 있는 3차원 공간을 보다 명확하게 이해할 수 있는 것과 동시에, 필요하다면 예를 들어 하프 연주자와 클라리넷 연주자의 움직임 등, 구체적인 연주동작을 자세히 분석하는 것도 가능해진다.
　계속해서 우리들이 바라는 동작을 하기 위해서, 운동기관의 각 부분이 어떤 형태로 상호 작용하는지를 살펴보자.

2. 운동기관

　스페인어로 운동·추진을 의미하는 "locomotor"라는 단어는 라틴어의 "locus"(위치)와 "motor"(이동하다)에서 탄생한 것이다. 이 단어는 골격(뼈·관절)을 가리키는 경우에도, 또는 근(筋)골격 조직이나 기관을 말할 때에도 사용된다.
　운동기관은 서로 올바른 순서로 기능하는 해부구조상의 다른 조직으로 이루어지며, 그 구성 요소인 뼈와 관절은 함께 골격을 형성하고 근육은 여러 신체 부분의 움직임을 가능하게 한다.
　의학 관계자가 신체 부분을 표현할 때에는 체간(體幹)을 하나로 합치고, 사지(상지·하지)를 그 이외의 부분으로 다룬다. 운동기관을 "지레" 시스템으로 정의할 수도 있다. 그 경우에는 근육을 구동체(운동의 효과기), 관절을 지점, 그리고 뼈는 양팔·양다리의 중량이 가해지는 역점(力點)과 지점 사이의 거리에 상당할 것이다.

2.1. 뼈와 관절
　우리의 골격은 약 208개의 뼈로 이루어져 있다. 그 기능은 첫째로 인체의 기관을 견고하게 해주는 것이다. 두 번째로 앞에서도 설명한 것처럼, 뼈가 양팔·양다리를 움직이기 위해서 필요한 "지레"의 기둥 역할을 담당하며, 생명유지활동에 빠질 수 없는 기관인 뇌·허파·심장을 보호하는 역할도 하고 있다.
　그밖에도 뼈는 우리 체내 기관 중에서 가장 중요한 미네랄을 저장하는 장소이며 체내의 여러 대사 작용에 있어서도 빠질 수 없는 것이고, 또한 혈액의 주요 성분인 혈구

(血球) 생산 등의 기능을 하고 있다는 점도 잊어서는 안 될 것이다.

뼈는 단단하고 탄력성이 있는 구조로 이루어져 있으며, 특히 생후 20년 동안 혈관과 신경의 복잡한 조직망을 통해 성장·변화해간다. 손가락뼈처럼 긴 것도 있고 등뼈처럼 짧은 것, 견갑골(肩胛骨)처럼 평평한 것도 있다. 두 개의 뼈가 만나서 연결되는 부위가 관절이 되지만, 모든 관절이 같은 가동성을 갖고 있는 것은 아니며 어깨 관절이 인체 관절 중에서 가장 가동 범위가 넓은 데 비해 성인 두개골(頭蓋骨)에는 거의 가동성이 인정되지 않는다.

관절에서 나타나는 큰 특징을 알아보자(그림5).

- 관절 부분은 뼈와 뼈가 만나서 연결되는 부분이며, 뼈의 끝은 두 뼈 표면의 직접 마찰을 피하고 보호하는 관절 연골로 싸여있다.
- 관절막의 안쪽은 활막(滑膜)으로 싸여있으며, 그곳에서 분비되는 활막액이 관절 연골에 영양을 줌과 동시에 윤활유 역할을 하여, 동작시 마찰을 줄이고 원활한 움직임을 만들어낸다.

인대(靭帶)는 대부분 강한 탄력성이 있는 콜라겐섬유로 되어 있고, 무릎 등의 관절 부분에서 볼 수 있으며, 주위를 둘러싸는 형태로 보강하면서 관절 운동을 매끄럽게 하고, 관절 움직임을 제한하는 작용을 한다.

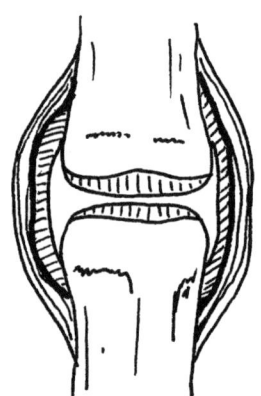

그림5. 관절의 기본적인 모델

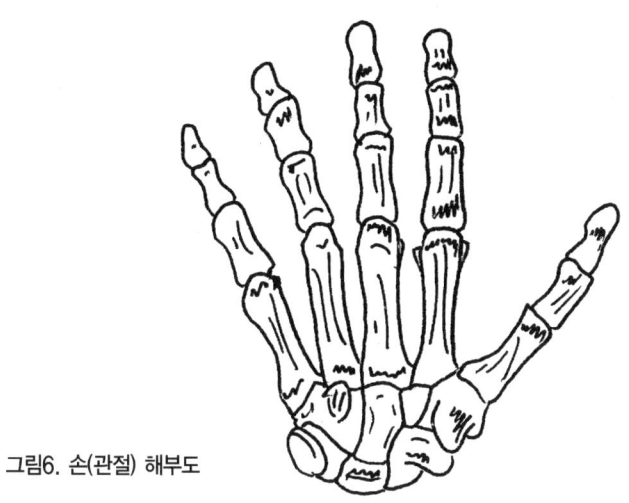

그림6. 손(관절) 해부도

양팔·양다리 관절의 대부분은 이 타입이라고 할 수 있다. 예를 들면, 손에는 활액포(滑液包)와 인대조직을 동반한 20개 이상의 관절이 있어, 관절을 튼튼하게 함과 동시에 동작에 필요한 가동성을 부여한다. 그렇다면, 피아니스트가 10도 음에 손가락을 닿게 하기 위해서 손을 벌릴 때나, 첼로 연주자가 바흐의 모음곡을 연주할 때, 관절이 큰 역할을 하고 있다는 것을 더 쉽게 상상할 수 있을 것이다(그림6).

2.2. 근육과 근 수축

근육조직에는 골격근이라는 약 400개의 근육이 있고, 이것은 체중의 약 40%에 해당한다. 그 이외 체중의 약 10%는 평활근(平滑筋)과 심근(心筋)이다. 골격근은 운동기관에서 볼 수 있는 맘대로 수축하는 근육으로, 현미경으로 보면 근섬유 안에서 가로줄무늬를 관찰할 수 있기 때문에 횡문근(橫紋筋)이라고도 한다. 한편, 평활근은 내장근처럼 마음대로 수축할 수 없는 근육이다. 또, 심근은 횡문근임에도 불구하고 마음대로 움직일 수 없는 근육으로 특수한 성질을 갖고 있다.

근육은 섬유구조로 되어 있으며, 수축능력 덕분에 동작을 할 수 있다. 움직임 과정을 잘 이해하기 위해서, 근수축이 어떻게 일어나는지 간단하게 설명하겠다.

근육은 무수한 근섬유로 구성되어 있다. 근육을 구성하는 섬유상 세포는 방추형이며, 그것들이 다발 모양으로 모여서 근육을 형성한다. 근섬유도 마찬가지로 근원섬유라는 미세한 섬유가 수백 개 모여서 하나의 근섬유가 된다. 바로 이 근원섬유에서 근육의 수축능력이 생긴다.

근원섬유는 2종류의 단백성 필라멘트로 이루어진다. 굵은 쪽은 미오신, 가는 쪽은 악틴이라고 하는데, 서로 포개져 늘어서 있다. 현미경으로 보면 짙은 색 부분(미오신)과 밝은 색 부분(악틴)을 관찰할 수 있다(그림7).

그림7. 근 수축 · 근섬유

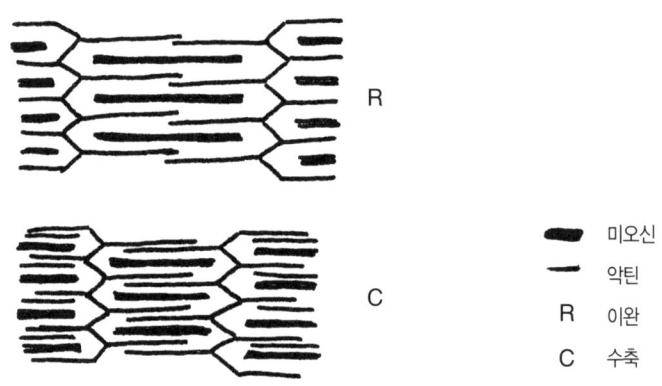

미오신
악틴
R 이완
C 수축

하나하나의 근섬유 중에서 신경 자극에 따라, 가는 쪽 필라멘트가 두꺼운 필라멘트 위로 들어가서 길이가 짧아진다. 모든 근섬유의 동시 수축이 근섬유 단축을 일으키고, 근섬유 집단이 줄어들면서 근 수축이 일어난다. 그때 필요해지는 근력, 예를 들면 악보상에서의 포르테나 피아노 지시에 따르는 형태로 운동근이 반응한다.

그러나 모든 근섬유가 똑같은 것은 아니고, 오히려 행하는 기능이나 위치와 관련해서 다른 두께나 상태를 하고 있다. 그리고 실시하는 근육 작용에 따라 각각 다른 타입의 근섬유가 자극을 받으며 발전한다.

근육의 양끝에서 뼈에 근육을 부착시키는 역할을 담당하는 것이 힘줄이다. 힘줄은 주로 콜라겐섬유로 이루어진 백색 광택이 나는 선 모양의 조직으로, 퍼지는 구조로 되어 있으며, 근섬유가 수축하면 장력이 힘줄을 통해 뼈에 전해져서 각각의 신체 부분을 움직인다. 근육의 경우와 마찬가지로 힘줄에도 여러 가지 형태가 있으며, 하나의 근육에서 2개 이상의 정지부(停止部)를 볼 수 있는 것도 있다. 손가락과 손목의 굴근(屈筋)·신근(伸筋)이 있는 손 안에서 다른 조직과의 접촉을 피하기 위해서 힘줄은 건초 속에 들어 있다. 활막과 비슷한 구조인 건초 안쪽은 힘줄에 부착되어 있고, 바깥쪽은 가까운 조직에 붙어 있으며, 그 사이에는 힘줄을 잘 미끄러지게 하는 활액(滑液)이 들어 있다.

인체의 동작은 신경계의 지배 아래 있는 근 골격조직에 의해 가능해진다. 다른 근육이나 뼈, 관절 그룹 사이에서 이루어지는 제휴 활동이 자세유지를 위한 근력을 전달하고, 자유 운동 조정을 한다. 음악동작은 이 조직 내에서 이뤄지며, 자세 하나의 변화가 근육의 불균형을 일으키기도 하며, 그것이 오랜 기간에 걸치면 음악가의 신체에 어떤 지장을 초래하는 원인이 될지도 모른다. 그렇기 때문에 악기연주나 성악기술에서는 우리들이 어떤 신체를 갖고 있으며, 어떤 움직임을 하고 있는지 신체기관의 실태를 존중할 필요가 있다.

근 골격조직은 고립된 형태로 기능하지 않고, 복수의 근육들이 협력해서 작용하며, 한쪽이 움직이고 있는 동안 다른 한쪽은 근 이완을 하든지 또는 원심성으로 근수축하고 있다. 모든 동작에서 볼 수 있는 이런 현상은 근육의 상승작용, 또는 길항(拮抗: 맞버팀)작용이라고 한다. 예를 들면, 바이올리니스트가 손가락 트릴(trill)을 할 때는 연주에 관련되는 손가락의 굴근(屈筋)·신근(伸筋)의 수축·이완작용을 한다. 여기에서 잊어선 안 되는 것은 일정한 시간, 적절한 속도로 손가락을 움직이기 위해서는 가장 좋은 손목·팔꿈치·어깨 자세가 필요하다는 것이다. 악기를 연주할 때, 또는 노래할 때, 자세가 변화할 때마다 신경계통에 의해 조절되는 다른 신체 부분도 수정되어, 새로운 상황에 적응해가게 된다.

이상으로 근 골격조직이 어떤 것인지 알 수 있을 것이라고 생각한다. 계속해서 음악동작에서 중요한 역할을 하는 신체의 뼈 조직에 대하여 이야기하겠다.

골반과 선골(仙骨)로 이루어지는 골반대(骨盤帶)는 등뼈를 잇는 역할을 한다. 활막과 인대를 포함하는 관절 집합과 상승·길항작용을 하는 복수의 근육들이 관절의 움직임을 가능하게 한다.

다수의 등골뼈끼리 서로 겹쳐서 구성되는 등뼈는 신체의 움직임에 필요한 안정성과 유연성을 준다. 등뼈를 옆에서 보면, 신체가 바르게 중심선상에 놓인 상태일 때 최대중량에 견딜 수 있도록 등골뼈가 멋진 곡선을 그리고 있는 것을 알 수 있다. 바로 이 곡선이 인간이 탄생한 후, 최초의 성장단계에서 시작되는 구조화이며, 신생아의 발육과 함께 경추(頸椎)·요추(腰椎) 곡선이 다음으로 형성되고, 성장 종료시에 완성된다. 따라서, 악기나 성악에서도 유년기부터 좋은 신체 자세를 갖추는 것은 특히 음악활동을 발전시키려는 경우, 그 후의 신체 손상을 피하기 위한 기본이 된다. 등뼈를 신체의 축으로 생각할 수 있는 것은 골반대와 견갑대(肩甲帶)라는 등뼈를 가로지르는 2개의 대(帶)가 사지를 연결하고 있기 때문이다(그림8).

견갑대는 흉쇄(胸鎖)관절·견갑골(肩甲骨)·상완골(上腕骨)과 흉골 등으로 이루어지는 넓은 뜻의 어깨관절에 의해 두 팔을 지탱하고 있다. 이 복합적인 구성을 하고 있는 어깨관절은 상당히 강력한 인대조직과 함께 약 26개의 근육이 작동함으로써 안정성을 제공하는 한편, 높은 가동성도 부여한다. 그리고 이것은 인간의 신체 중에서 가장 광범위하게 움직이는 관절이라는 것을 기억해 두자.

음악동작에 대해서는 제2장에서 언급하겠다. 거기에서는 음악가의 주목적인 "음악을 창조하는"데 신체의 각 조직이 어떻게 상호작용하고 있는지를 알아보려고 한다.

3. 신경계

신경계는 특수하면서도 복잡한 망상(網狀) 조직으로 구성되어 있고, 신체기관·조직의 기능을 통솔·억제함과 동시에 체내기관끼리, 또 외부와의 조정을 하는 역할도 한다. 중추신경계와 말초신경계의 두 가지로 크게 구별하며, 중추신경계는 두개골과 등뼈가 보호하고 있는 뇌(대뇌·소뇌·뇌간)·척수(脊髓) 등, 말초신경계는 뇌신경과 척수신경 등과 같은 중추신경에서 나와서 몸 표면·몸 안의 여러 기관에 분포하고 있는

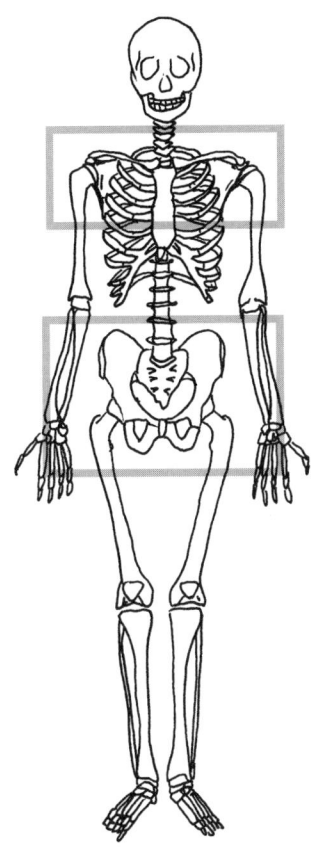

그림8. 견갑대와 골반대(2개의 대와 등뼈의 관계도)

신경으로 이루어진다. 자율신경계(식물신경계)는 말초신경계의 하나이며, 의사(意思)와 관계없이 작용하는 신경으로 내장 등 마음대로 움직일 수 없는 기관을 조정한다. 즉, 자유 운동은 체성(體性)신경계(운동신경계)가 담당하고, 마음대로 움직일 수 없는 운동 쪽은 자율신경이 맡고 있다.

또, 시상하부(視床下部)는 수면이나 생식, 체온조절 등, 생명유지활동에 가장 중요한 기능을 통제하는 부분이다. 인체의 움직임을 생각해 봤을 경우, 근육은 "지레" 작용을 이용해서 골격을 효율적으로 이동시키는 구동원이고, 신경은 그 "지레" 타입과 힘의 지속시간을 결정하는 것이라고 할 수 있다.

신경계에는 먼저 피부·근육·관절에서의 정보를 받아서 중추에 전달하는 구심성(求心性) 신경계가 있다. 이것은 체내에 있는 감각수용기관을 통하여 압력·장력·위치·체온 등의 변화를 감지하는 것으로 뇌까지 연결되어 있다. 그리고 뇌에서는 각 신체 부위의 상태를 측정한 다음에 움직임·속도·근력(작동하는 근섬유의 양)을 결정한다. 그것과는 별도로 원심성 신경계라는 것이 있는데 이것들은 뇌에서 시작되어 말초신경을 통해 근육까지 주행하고 있으며, 동작을 하는데 필요한 정보를 중추로부터 전달하는 신경이다.

여기에서 리허설 중인 바이올린 연주자를 상상해보자.

연주에 적당한 자세와 악보의 각 음에 따르는 운지법은 뇌에 의해 통솔되는 복합신경계통에서 조절되고 있다. 근 관절 및 관절막 안에 잠재하는 감각수용기에서의 정보와 마찬가지로 시각·청각·촉각 등 음악활동에 관한 관련정보도 특수감각기관에 받아들여 조절한다. 시각은 음악가에게 악보를 읽는 것, 손가락 포지션의 관찰이나 다른 연주자·지휘자와의 조정을 도와준다. 청각은 모든 음악가에게 있어서 중요한 기관이며, 연주자 본인뿐만 아니라 그룹의 다른 멤버에게도 정확한 정보를 주는데 불가결한 것이다. 촉각은 바이올린 연주자에 대하여 항상 악기와 직접 접하고 있는 부분의 정보를, 감각기관을 통해 전한다. 관절이나 인대, 근육에 분포하는 근 골격조직의 감각수용기는 연주에 관련되는 각 관절의 위치·이동뿐만 아니라 신체 전체의 자세에 관한 정보 전달을 하고, 또 뇌에서 나오는 연주에 필요한 속도, 근력의 지령을 받는 역할을 한다. 이렇게 서로 상호작용한 조직이 조화를 이룬 음악동작을 가능하게 한다.

성악에 있어서도 마찬가지로 뇌가 통솔·조정하여, 각 음계에서의 인두근(咽頭筋)의 수축 정도나 성대 주름에 가장 좋은 신장(伸長) 명령을 내보낸다.

뇌 속에서 가장 중요한 부분의 하나가 대뇌피질이다. 대뇌 반구의 표면층을 덮고 있는 대뇌피질에는 여러 가지 기능을 지배하는 중추, 즉 대뇌피질 층이 있다. 거기에는 운동언어를 담당하는 브로카 중추, 인체의 모든 수의근(隨意筋:골격근)에 일련의 동작을 행하게 하기 위한 지령을 내보내는 운동 중추 등이 해당된다. 이것을 도식(圖式)으로 알기 쉽게 나타낸 것이 펜필드와 라스무센에 의한 「펜필드의 소인(小人)」(1968년)이다(그림9).

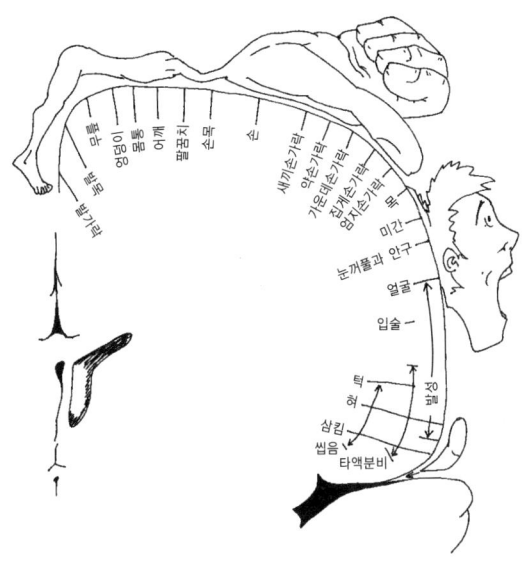

그림9. 펜필드의 소인(小人)

    이 그림은 대뇌피질 상에서의 신체 각 부분의 지배영역을 나타내고 있다. 특히 손 부분이 상세하고 크게 표시되어 있는 것은 민첩한 운동을 담당하는 손가락의 중요성과 기능의 정밀함을 의미한다.
    뇌가 받는 자극에 따라 신체 각 부분의 능력이 향상될 수도 저하될 수도 있다는 것이 증명되고 있다. 이 신경계의 적합성이라는 특질은 연령과도 관계되어 있어서 연령이 젊을수록 신경의 유연성도 높아진다. 따라서 음악을 포함한 모든 분야의 습득에서 시작이 빠르면 빠를수록 중추신경계통이 행하는 기능이나 구조상에서의 적응능력이 높아진다.
    그런데 자전거를 타는 방법을 마스터하는 장면에서 볼 수 있는 것처럼 모든 일의 학습은 동작의 무의식화를 가능하게 한다.
    음악에 있어서도 학습에 의해 몸에 익히는 무의식적 행위가 존재하고, 그런 반복이 운동신경회로를 더욱 발달시켜 종종 의사적(意思的) 행위보다 중요해지는 경우도 있다. 이러한 학습은 음악동작에 관련되는 신체 부위 각각의 포지션뿐만 아니라 신체 전체의 자세를 무의식화 · 일체화해준다.

그러나 무의식화는 양날을 가진 칼이다. 새로운 운동신경회로에 의해 재빠른 동작을 가능하게 하는 한편 습득한 동작이 틀린 경우에는 부적절한 자세나, 하나 또는 복수의 관절에서 기능적이지 못한 자세를 무의식중에 취해 버리게 되고, 그것이 후에 근 골격이나 신경에 나쁜 상태나 질환을 일으키는 요인이 될 수 있다.

어려운 패시지(passage)를 앞에 놓고, 무리한 자세를 취하면서 쉬지도 않고 성과 없는 반복연습을 하는 피아니스트. 도대체 몇 시간이나 그렇게 할 생각인지! 그와 같은 무리에 의해 몸에 배인 자세는 틀리게 될 가능성이 있다. 그렇기 때문에 그런 상황에 직면하면, 우선 그 부분을 건너뛰어서 그다지 어렵지 않은 다른 부분을 연주한 다음, 다시 되돌아가서 연습하는 편이 바람직하다. 그렇게 하는 편이 음악동작에 필요한 힘도 회복할 수 있고, 긴장 없는 좋은 상태를 되찾을 수 있다.

연주가가 자신의 악기 일부 또는 악기 전체를 바꿨을 때는 많은 자세를 무의식화하고 있는 것을 보다 명확하게 알 수 있다. 이제까지 별로 의식하지 않고 일체화했던 손가락 위치가 새로운 악기에 익숙해지기까지 며칠이나 걸리는 것 등이 그런 경우에 해당한다.

악기연주자에게 있어서 어려움의 하나로 양손의 다른 움직임을 조화시키는데 필요한 손재주가 있다. 피아니스트의 경우는 건반 상에서 각각의 손이 동시에 다른 움직임을 하고 있으며, 바이올리니스트가 스타카토를 연주할 때는 활을 쥔 오른손과 악기의 목 부분을 지탱하는 왼손을 잘 연계하여 행하고 있으며, 드럼 연주자에 이르러서는 양팔뿐만 아니라 양다리도 제멋대로 움직인다. 이런 행위는 신경계·근육조직의 활동을 교묘한 공동운동으로서 우리들에게 제시해준다.

이제까지의 설명으로 신경계통이 대뇌피질의 다른 중추나 부분에 의해 어떻게 신체동작을 조절하고 있는지를 보다 잘 이해할 수 있을 것으로 생각한다.

대뇌피질은 표면에 있는 큰 홈을 토대로 전두엽(前頭葉)과 두정엽(頭頂葉), 측두엽(側頭葉:주로 청각·언어·기억 등을 지배), 후두엽(後頭葉:주로 시각기능을 지배)으로 나눌 수 있다. 그리고 마지막으로 이 대뇌피질에 있는 운동중추 등이 결정해서 주변기관에 대하여, 예를 들면 피아노 소나타를 어떻게 연주할 것인지와 같은 행동을 실시하기 위한 정보를 보낸다.

4. 호흡기계

　호흡기계란 모든 신체조직의 세포활동에 불가결한 산소(O_2)를 받아들여, 그 활동에 따른 폐기물인 이산화탄소(CO_2)를 배출하는 활동을 하는 기관의 집합이라고 정의할 수 있다. 인간의 생명유지활동에 필요한 기본적인 역할을 할뿐 아니라 관악기 연주자나 성악가에게 있어서 예술표현의 주요한 원동력이 되는 것이다.
　바이올린에서 음을 내기 위해서는 바이올린의 목 부분 위에 현을 누르고, 활로 현을 마찰한다. 클라리넷이나 플루트에서는 관(管)을 빠져나가는 공기의 흐름을 여러 가지 호흡방법에 따라 변화시키거나 증폭시킴으로써 확정된 음을 낸다. 성악가의 경우는 자신의 몸, 특히 호흡을 하는 발성기관이 중요한 역할을 한다. 목소리가 관악기와 자주 비교되는 것은 양쪽 모두 음을 만들어내는 구조가 같은 발생원이기 때문이다. 이상과 같은 관련성 때문에 발성기관은 다음과 같이 세 부분으로 크게 구별된다. 필요한 공기를 보내는 부위인 송풍기(폐와 호흡근), 진동기(성대), 그리고 공명기(인두·구강·비강)는 음을 확대하거나 억양을 붙이는 공명상자에 비유된다.
　호흡기관에는 공기 출입을 가능하게 해주는 기도와, 가스 교환을 담당하고 있는 폐포(肺胞)가 있다. 기도를 아래 위로 나누어, 신체 외부와 접하는 코·비강·인두 등의 부분을 상기도(上氣道), 호흡에만 사용되는 인두·기관·기관지 등을 하기도(下氣道)라고 한다. 구강은 소화기관의 일부로 생각되는데, 관악기 연주자·성악가에게 있어서는 음성을 내는 기관을 구성하는 부위이기도 하다. 이러한 강(腔)·관(管)에 공통되는 것은 점막이 있다는 것이다.
　흉곽은 좌우 한 쌍인 12개의 늑골(肋骨)과 흉골(胸骨), 흉추(胸椎)로 이루어진다. 내부에는 폐·심장이라는 생명유지활동에 불가결한 기관이 있고, 주요한 호흡근인 횡격막에 의해 흉강(胸腔)과 복강(腹腔)으로 나눠져 있다. 늑골·흉골 사이, 늑골·척추골 사이에 있는 여러 가지 관절에 의한 흉곽의 가동성이 흉부에 부착된 근육을 통하여 흉강의 팽창을 가능하게 하고, 그럼으로써 숨을 들이마시고 내쉬는 2가지 호흡운동이 가능하다(그림10a, 10b).

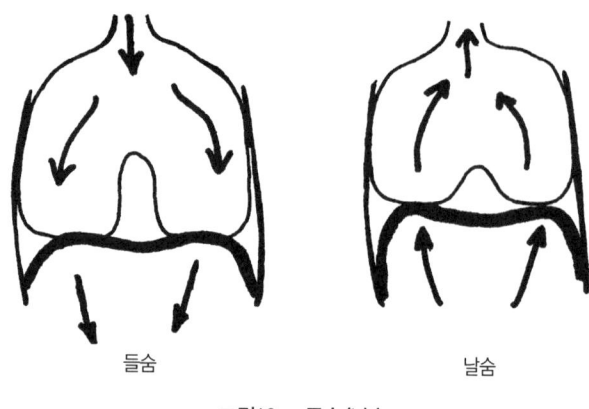

그림10a. 들숨/날숨

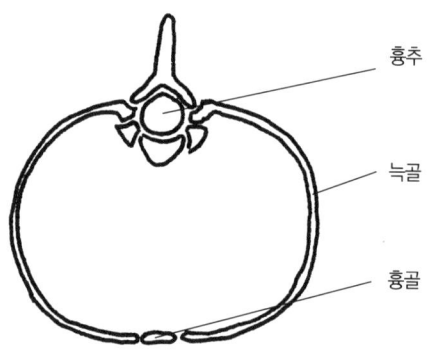

그림10b. 흉골 · 늑골 · 흉추의 관계

숨을 들이마시고 있는 동안 원동력의 근원이라고도 할 수 있는 횡격막이 수축하여 내려감에 따라 흉강이 확대되고, 거기에 공기가 들어간다. 한편, 보통 숨을 내쉬고 있는 동안은 흉곽 특유의 탄력성 · 신축성에 의해, 그러한 기관은 원래 상태로 되돌아가면서 공기를 밖으로 방출하기 쉽게 한다. 노래를 부르고, 관악기를 불 때와 같이 강제적으로 숨을 내보내는 경우에는 내쉬고 있는 동안 복직근(腹直筋) · 내복사근(內腹斜筋) · 외복사근 등의 여러 층에 미치는 복부의 근육조직이 작동하여 공기의 배출량을 조정하고 있다. 또, 그 이외에도 호흡에 관련된 것으로서 늑골과 늑골을 연결하고 있는 내늑간근(內

肋間筋)・외늑간근처럼 늑골을 끌어올리고, 끌어내려서 흉강의 직경을 넓히거나 좁히는 호흡근, 기본적으로는 최대한의 능력을 내는 경우에 근육조직을 지원하는 부대근(付帶筋) 등도 있다. 예를 들면, 트럼펫 연주자, 혹은 소프라노 가수가 고음을 낼 때, 공기의 배출을 증대시키기 위해서 부대근도 포함하는 모든 근육조직을 총동원하는 한편, 중음역(中音域)의 패시지에서는 주요한 근육조직만을 사용하는 일이 많다.

성악이나 모든 관악기의 연주 테크닉의 큰 지주가 되고 있는 것은 호흡이다. 호흡 조절법을 갖추면 성악가·관악기 연주자는 장면에 따라 자유자재로 구사할 수 있다. 그러므로 신체기능상, 가장 자연스런 호흡이 어떤 것인지를 아는 것은 매우 중요하다.

호흡에 대하여 설명함에 있어서 아래의 3타입으로 분류한다.

- 상부 늑골식(肋骨式) 호흡 : 복부를 들이밀고, 흉부의 윗부분으로 공기를 보내는 호흡. 폐의 밑 부분까지는 공기가 들어가지 않는다.
- 하부 늑골식 호흡 : 늑골 하부까지 공기가 들어간다. 횡격막 일부를 사용하여 호흡하지만, 횡격막의 전용량을 사용하지는 않는다. 주로 늑골을 사용하는 이 복식 호흡은 여성에게서 많이 볼 수 있다.
- 복식·횡격막식 호흡 : 횡격막을 피스톤처럼 내리고, 내장을 아래·앞쪽으로 밀어서 하는 호흡. 늑골의 자유로운 움직임에 따라 횡격막의 이동범위도 상하방향뿐만 아니라 앞쪽·뒤쪽·옆 방향으로 넓어진다. 우리들이 자고 있는 동안이나 유아기에 하는 이 호흡이야말로 최소한의 노력으로 최대한의 용량을 만들어 낼 수 있는 형태이다.

횡격막식 호흡은 최소의 힘으로 최대의 성과를 얻을 수 있기 때문에 신체 기능상 가장 좋은 호흡이라고 생각된다. 그러나 호흡을 트레이닝하기 위해서는 이러한 3타입의 호흡을 실제로 해 보고, 관련되는 신체 부분을 인식하는 것, 또, 특히 큰 용량을 필요로 하는 경우에는 3가지 호흡을 조합하는 것을 잊어선 안 된다. 제4장에서는 실제로 트레이닝 예를 들어, 3종류의 호흡과 그 조합에 대해서도 소개한다.

호흡기 계통의 주요한 역할은 신체의 각 조직에 필요한 산소를 보내는 것이라는 것을 기억해 둘 필요가 있다. 또한, 호흡을 동반하는 훈련은 선 상태든 앉은 상태이든 신체의 자세라는 것을 종래 이상으로 자각할 수 있는데 도움이 된다.

이상과 같은 이유에서 호흡은 음악기술을 습득하는데 있어서 하나의 중요한 열쇠라고 생각할 수 있다. 음악동작의 추진력이라고도 할 수 있는 호흡에 관해서는 신체 자세와의 관련성뿐만 아니라 심박수나 호흡수의 감소에 따른 내구력 증가와의 관련 등으로 관심이 고조되고 있지만, 관악기 연주자·성악가 이외의 음악가에게는 쉽게 잊을 수 있는 것이기도 하다. 그러나 효과적인 호흡법은 근육조직에 적당량의 산소를 보급하고, 근육 피로의 감소에도 연관되기 때문에 모든 음악가가 알아두어야 한다.

전반적인 해부학의 개념을 근거로 하여 체내에 존재하는 각 조직이 어떻게 기능하고 있는지, 이해할 것으로 생각한다. 예를 들면, 힘줄이 건초 안에서 어떻게 미끄러지는지, 또는 복근이 어떻게 수축하는지를 이해할 수 있을 것이다. 그러나 우리들은 악기 연주, 또는 부르기 위해서 다른 조직·계통이 연계한 형태로 이루어지는 실제 음악활동에 더욱 접근할 필요가 있다. 그래서 다음 장에서는 음악동작에 대하여 학습하겠다.

보다 잘 이해하기 위해서
- 근육의 수축력은 근육 길이에 따라 변화하는 것으로 신장(伸長) 정도가 큰 근육 쪽이 수축 능력은 보다 커진다.
- 하품·한숨은 폐 공기량의 밸런스를 새롭게 하기 위해서 자율신경에 의해 이루어지는 규칙적이며 자연스런 호흡운동이다.
- 제이콥슨, 슐츠, 소프로로지 등의 릴랙스법이나 알렉산더, 펠든 클라이스 등의 신체를 의식화하는 방법은 어떤 경우나 호흡 조절이 중요한 지주로 되어 있다.
- 횡격막은 기관을 통하여 적은 에너지 소비로 많은 양의 공기를 이동시킬 수 있는 호흡근으로 그 양은 전체 폐 용량의 70%에까지 이른다.
- 숨을 내쉬는 움직임은 복근, 특히 복부의 횡근(橫筋)에 의해 조절되고 있다.
- 주로 쓰는 팔에 관한 조사에 따르면, 프로음악가들에게는 왼손잡이, 또는 양손잡이인 사람의 비율이 높아서 12%인데 대하여, 음악가가 아닌 사람들 사이에서는

8%라는 결과가 나왔다.
- 현악기 연주자는 왼쪽 손가락 감각기관의 자극을 왼쪽 뇌가 받기 때문에 대뇌 반구의 좌측 부분이 현저하게 발달하고 있는 것이 MRI(자기공명화상)에 의한 분석에서 증명되고 있다. 반면, 악기를 지탱하는 역할을 하는 왼손 엄지는 다른 손가락보다도 자극을 받는 정도가 작다는 것도 알 수 있다.
- 라벨(Maurice Joseph Ravel, 1875~1937)은 자동차 사고로 입은 뇌손상 때문에 음표 이름을 말할 수 없게 되어 악보를 적는데 오류를 저지르는 경우도 많았지만, 리듬 · 템포 · 조율이나 음악 스타일 등의 예술적 감수성과 능력은 유지하고 있었다고 한다.

제2장 음악 동작

음악 동작이란 "음악가가 곡을 연주하거나 연습하는 동안에 이루어지는 신체 자세와 전체 움직임, 또는 배합"이라고 정의할 수 있다.

그것은 근 골격조직에 의해서 이루어지는 관절 포지션의 움직임만을 가리키는 것으로 생각하기 쉽지만, 실제로는 음악가가 연습중에 악보를 읽거나, 지휘자의 지시에 따르는 것, 다른 멤버와 맞추는 것, 곡의 첫머리를 파악하기 위해서 시각·청각에 주의를 기울이는 행위로까지 확대하여 해석할 수 있다. 신체 각 관절의 움직임부터 오케스트라 지휘자의 신호를 따르기 위한 눈의 세밀한 움직임에 이르기까지의 동작들에는 복잡한 모든 운동신경의 조정을 필요로 하기 때문이다.

아래 도표는 전반적인 형태로 음악 동작에 관련되는 여러 가지 경우를 나타내고 있는데, 이해하는데 도움이 될 것이다(그림11).

- 중추신경계 : 뇌, 그것도 주로 대뇌피질에 지배되고 있으며, 신체 각 부분을 통합하고 있다.
- 근육·힘줄 조직 : 주동근(主動筋)·길항근(拮抗筋) 안에서의 근육의 협동운동에 의해 정지 상태뿐만 아니라 활동상태에서 자세를 조절하는 역할을 한다.
- 골 관절 조직 : 신체 각 부위에 안정성과 가동성을 줌과 동시에 균형을 잡아서 자세를 유지한다.

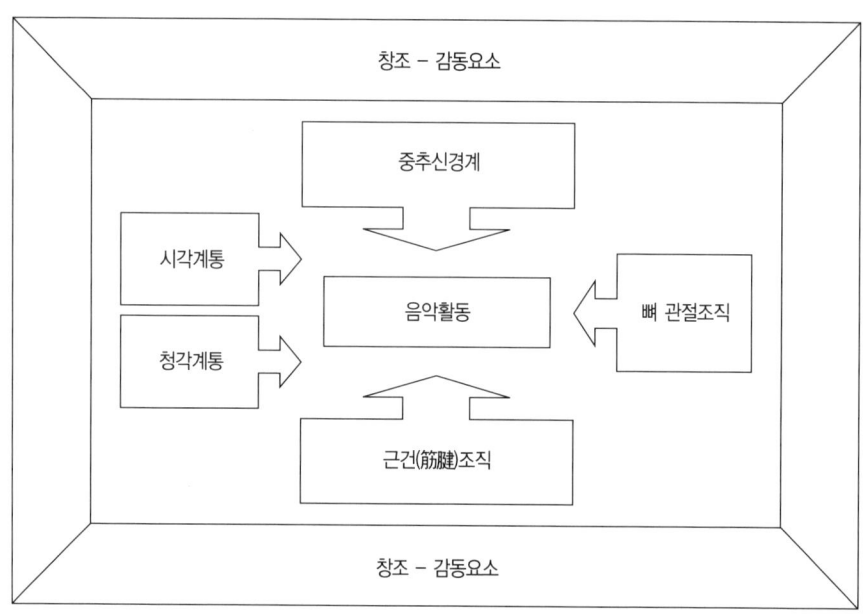

그림11. 음악 동작

- 청각 계통 : 본인과 악기의 음, 다른 악기의 음, 목소리, 또는 그 이외의 신호음을 연결시키는 역할을 한다.
- 시각 계통 : 본인과 악기, 악보, 다른 멤버(연주자 · 성악가 · 지휘자)를 시각상으로 연결하는 역할을 한다.

이 복잡한 관계는 항상 모든 음악가의 최종 목적인 예술적 표현에 관계된다. 왜냐하면 예술적 표현이란 각 조직 · 계통을 일체화한 창조-감동요소에 의해 이루어지는 것이기 때문이다.

음악 표현에 필요한 신체 균형에 초점을 맞춰보면 대부분의 악기를 연주할 때에 작동하는 몇 개의 근육 그룹의 존재를 알게 된다. 그리고 각각의 그룹이 정해진 움직임의 특질을 갖추고 있고, 음악 동작을 받쳐주는 근 조직군으로서 기능하고 있다.

클래식 기타리스트가 앉아서 연주할 때, 대부분의 경우 왼쪽 다리를 올리기 위해서

작은 발판(足臺)을 사용한다. 그렇게 함으로써 왼팔에서 볼 수 있는 것은 앞 팔의 회외(回外) 운동과 어깨 바깥쪽으로의 선회(외선(外旋)), 손 관절 바깥쪽의 가벼울 굴곡(橈屈)과 손가락의 굴곡이다. 한편, 오른팔에서는 앞 팔의 회내(回內) 운동, 어깨는 가볍게 내선회(內旋回) 경향이 되며, 손 관절 안쪽의 굴곡(尺屈)과 손가락의 굴곡을 볼 수 있다.

이 기타리스트의 동작에 관계되는 가장 중요한 관절 하나하나를 이해하기 위해서는 인간의 동작에 대하여 총망라한 지식이 필요하게 된다. 그러나 악기마다의 여러 가지 관절 상태를 기술하는 것은 이 항이 의도하는 것이 아니다. 또, 음악 동작은 정지가 아닌 움직임을 동반하는 것이므로 하나의 관절이 포지션을 이동하는 경우도 있을 수 있다. 예를 들면, 바이올린 활의 손잡이부터 끝까지 사용해서 연주할 때, 손목 관절은 팔꿈치를 구부리고 있을 때는 (새끼손가락 쪽으로) 척굴, 폈을 때에는 (엄지손가락 방향으로) 요굴이 된다. 어쨌든 기타리스트든지 트럼펫 연주자든지 중요한 것은 균형을 취하기 위한 요소가 무엇인가를 이해한 다음에, 음악 훈련을 가능하게 하는 신체의 작용에 맞는 자세를 만들어 내는 것이다.

1. 음악 동작에 대한 접근 방법

서 있는 상태에서도 앉은 상태에서도 항상 중력에 거슬러서 자세를 유지하는 근육이 불가결하다. 일반적으로 그런 근육은 항중력근(抗重力筋)이라고 한다(그림12).

그러한 근육군(群)의 연계가 여러 관절을 통하여, 양 팔로 우아하게 플루트를 불 자세를 취하면서 직립하는 자세를 가능하게 한다. 마찬가지로 앉은 자세에서도 자세(유지)근이 양 팔·양 다리의 자유 운동을 할 수 있도록 하기 위한 상태를 유지한다. 앉은 상태를 유지하는 근육조직 없이, 사지를 움직여 연주할 수 있는 드럼 주자가 있을까?

모든 자세나 구조는 원하는 동작을 실행에 옮기기 위해서 협동하여 활동하고 있는 여러 관절에 의해서 이루어져 있다. 그래서 운동의 연쇄(협동 운동)에 대하여 언급하려고 한다. 운동의 연쇄란 어떤 포즈나 자세를 취할 때에 신체 각 부분에서 행해지는 힘의 전달이다. 하프 주자는 악기를 앞에 놓고 양 팔을 벌리고 앉는데, 좌우 팔을 각각 현의 양쪽에 놓고 자세를 갖춘다. 이 최초의 포지션은 연주 중에 많은 관절과 근육군을 움직

그림12. 주요한 자세근(姿勢筋)

이면서 끊임없이 변화한다. 바로 동작 전체의 화합이기 때문에 하나의 관절 내에서의 이상한 움직임이 연쇄하는 관절에 차례차례로 영향을 미치기 쉬우며, 손상이 나타날 가능성도 있다.

반복이 많고, 빠르고, 정확함을 요구하며, 장시간에 걸쳐서 행해지는 것 등은 각 악기에서 공통으로 볼 수 있는 음악 동작의 특성이라고 할 수 있다. 그렇기 때문에 반복 컨디션 여하에 따라서는 음악가에게 어떤 기능상의 문제를 일으키는 하나의 요인이 될 수 있다.

그 외에도 악기 연주자에게 공통되는 특징으로서 악기의 기능에 대한 적응능력을 들 수 있다. 예를 들면, 바이올리니스트의 왼팔이 오른팔보다도 높은 회외 운동 능력을 갖고 있는 것은 단지 몇 년 전부터 매일 몇 시간씩 왼쪽 앞 팔을 두드러지게 바깥쪽으로 돌려 틀어서 바이올린을 연주하는 자세를 취했던 결과다.

일반적으로 악기에 대한 적응능력은 비교적 빠른 시기인 유년기부터 기르면, 아이는 선택한 악기에 적합한 자세를 몸에 익힌다. 어린 시절의 적응능력에 따라 그 후가 크게 좌우되기 때문에 신체 자세의 훈련은 이 단계에서의 중요한 열쇠의 하나다. 그리고 신체기관의 실정과 악기 연주기술 사이의 조화를 이뤄야만 한다. 유년기에서의 악기 연습의 주된 주의사항에 대해서는 이 장의 끝에서 다루겠다.

음악활동에 관련되는 신체기능의 복잡함을 입각한 다음에 악기에 대한 바른 신체 지도를 만들어내기 위해서 알아두어야 할 것은 다음과 같다.

- 악기연주자·성악가는 먼저 신체의 전체상(全體像)을 인식할 필요가 있다.
  상지(上肢)·하지(下肢)는 각각 고립된 형태로 기능하고 있는 것이 아니다.
- 음악가의 신체 균형은 자세를 유지하는 활동을 담당하는 정적인 부분과 움직임을 자유롭게 행하는 동적인 부분 2가지가 근본이 된다. 필립 셔만쥬의 이야기(1996년)에 따르면 정적 자세·동적 자세 조절로 분류할 수 있다고 한다.

2. 정적 요소: 직립자세의 유지·두부(頭部)·골반

자세를 유지하기 위해서는 포지션에 따라 다른 활동을 하는 자세근(姿勢筋)이 동시에 활동할 필요가 있다. 따라서 서 있을 때의 근육 활동은 앉아있을 때와 다르다. 예를 들면, 바이올린 협주곡을 연주하고 있는 솔리스트에게 있어서 자세를 받쳐주는 것은 유일하게 바닥에 접한 양발뿐인데 대하여, 그 뒤에 앉아서 연주하고 있는 바이올린 주자들은 의자 좌석과 등받이 덕분에 접하는 면이 보다 많아진다. 이 때문에 서있는 상태 쪽이 에너지 소비량은 많은 거라고 생각하기 쉽지만, 실제로는 앉아있는 상태에서도 상당한 등 근력이 사용된다는 것을 증명하고 있다.

음악가의 자세 조절에 있어서 중요한 요소인 접촉면 또는 접촉점은 선 상태에서도 앉은 상태에서도 기능한다. 어느 자세라도 항상 안정된 균형을 추구할 뿐만 아니라 근육의 가장 유효한 사용법과 골격의 바른 배열에 의한 최소한의 에너지 소비를 추구하며 활동하고 있다. 정적 자세 조절은 근 관절의 최선의 효율을 얻기 위해서 직립자세, 앉은

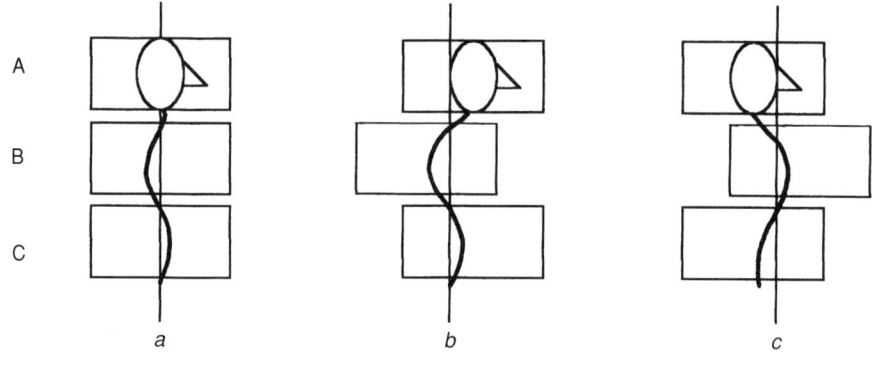

그림13. 신체 블록

자세 양쪽에서 신체 부위의 위치를 조정하는 것이다.

여기에서 신체 부위를 머리·몸통·골반으로 나누고, 안정성과 저항력을 얻기 위해서 서로 겹치는 블록(편의상 A, B, C라고 한다)이라고 생각해보자(그림13).

이 그림을 보면 어느 블록의 위치 변화나 중력의 영향에 적응하기 위해서 여러 가지 등뼈의 만곡(彎曲)을 동반하고 있다는 것을 알 수 있다.

a에서는 ABC 3개의 블록이 정렬하여, 등뼈가 자연스런 곡선을 유지함으로써 에너지 소비는 최소한으로 막을 수 있다. 이때, 신체의 축은 중력선과 일치하고 있다(제1장을 참조).

한편 b에서는 A와 C의 블록이 앞에 있지만 B는 뒤쪽에 위치하고 있다. 이 자세는 앞으로 내미는 자세를 취하는 사람들에게서 자주 볼 수 있는 것으로, 그 결과 중력선의 보정 때문에 머리 부분을 앞으로 내미는 형태가 된다.

반대로 c에서는 블록B가 앞으로 튀어나옴으로써 경추와 요추의 전만(前彎)이 더해진다.

이상의 예는 상당히 단순화한 것이지만, 신체 자세에서의 중력의 영향을 우리들에게 이해할 수 있게 한다. 신체 각 부분에 적합한 위치를 자각하는 것은 자세에 따른 피로를 감소하는데 도움이 된다.

2.1. 정적 자세의 조절

정적 자세의 조절을 위해서는 먼저 직립상태와 앉은 상태에서 자세 유지를 자각하는 것이 필요하다. 피아노나 하프, 드럼이나 첼로와 같이 항상 앉아서 연주하는 악기도 있고, 서거나 앉아서 연주할 수 있는 악기도 있다. 일상의 레슨에서는 서서 하는 경우가 많아도, 오케스트라에서는 항상 앉아서 연주하는 것처럼, 대부분의 음악가에게는 물론 성악가에게도 어느 쪽의 자세나 취할 가능성이 있다. 따라서 양쪽 자세를 배합하여 훈련하는 것이 바람직하다.

서 있는 자세, 앉은 자세에 상관없이 머리·몸통·골반의 안정된 균형을 존중하는 포지션이라는 것을 기억한다. 처음에는 악기 없이, 다음에 음악활동 학습과 합치시키기 위해서 악기를 갖고 해 본다. 이 방법은 음악활동을 향한 신체 준비에 유효하며, 악기 없이 이미지·트레이닝을 함으로써 악기 자체에서 생기는 난처함(무게·압력 등) 없이 원하는 포지션을 기억할 수 있게 한다.

직립 자세. 하지가 정렬한, 즉 허리·무릎·발목을 같은 간격으로 벌린 상태이다. 양발 사이의 면적으로 결정되는 버팀목인 다각형을 확대하기 위해서 양쪽 발가락 끝은 가볍게 벌린다. 양발의 간격이 너무 가까우면 다각형 면적이 작아져서 균형은 감소되고, 반대로 너무 떨어지면 다각형 면적이 커지고 안정되지만, 무릎 관절 및 대퇴 관절의 가동성을 제한해버리게 된다. 그렇기 때문에 하지의 주요한 관절이 직선상으로 병행하는 자세를 취한다(그림14).

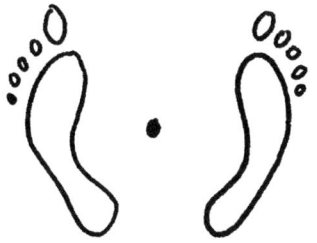

그림14. 버팀목 다각형

그림15. 직립자세

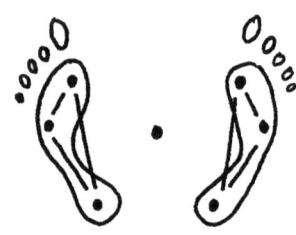

그림16. 발의 지지

이때 양 무릎을 너무 벌리지 않도록 주의해야 한다. 버팀목 감각을 느끼기 쉽게 하기 위해서 처음에는 맨발로, 그 후 보통 상태에 맞춰서 신발을 신고 하면 좋다. 또, 거울은 자기 자신의 자세 상태를 관찰하기 위해서 트레이닝에 필요한 도구라고 할 수 있다(그림15).

직립자세의 버팀목 훈련은 바닥과 접촉하는 발 부분인 종골(踵骨), 제1중족골(中足骨) 및 제5중족골 MP 관절부의 바닥 면으로 이루어지는 3각형을 의식하는데 있다(그림16).

발의 버팀목을 자각함으로써 음악가는 발의 어느 부분이 자신의 신체를 지탱하고 있는지 깨닫고, 양 다리에 체중을 분배할 수 있게 된다. 또, 골반대와 견갑대를 평행으로 유지하면서 사지의 균형 감각을 의식해야 한다. 마찬가지로 앉은 자세에서도 지면과

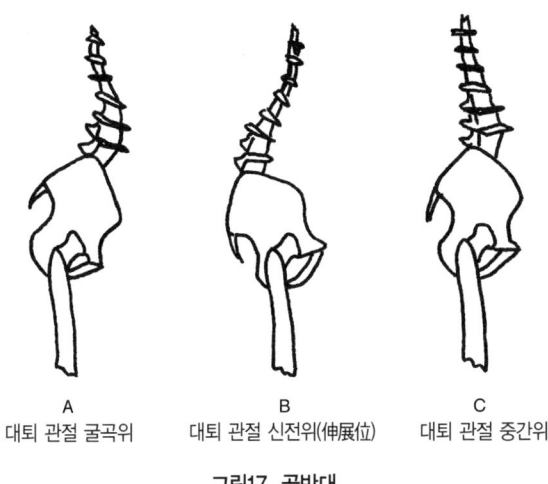

A	B	C
대퇴 관절 굴곡위	대퇴 관절 신전위(伸展位)	대퇴 관절 중간위

그림17. 골반대

접촉하여 안정성을 부여해주는 발의 버팀목에 주의를 기울여야 한다.

앞에서도 서술했지만, 훈련은 처음에는 악기 없이 입위(立位), 좌위(座位) 양쪽에서 하고, 그 다음에 악기를 들고 한다. 또, 각 음악가의 자세에서 감각을 일체화하기 위해서 눈을 감은 상태, 뜬 상태에서도 해 본다. 또한, 공간 속에서 포지션을 원래로 되돌리는 능력을 기르기 위해서 선 자세에서도 앉은 자세에서도 전후좌우로 신체를 흔드는 등 가볍게 균형을 깨본다.

골반, 또는 골반대는 장골(腸骨)·선골(仙骨)로 구성되는 **뼈**의 고리다. 주된 활동은 선골을 통하여 양 다리의 힘을 등뼈로 전달하는 것이다. 따라서 음악가의 자세에 결정적인 역할을 하고 있다고 할 수 있다. 골반을 옆에서 바라보면 그림과 같은 3가지 포지션을 볼 수 있다(그림17).

음악가는 입위에서도 좌위에서도 등뼈 곡선을 존중한 복근 및 등뼈 주변의 근육이 똑같이 작용하는 균형 잡힌 골반 위치를 추구해야 한다. 이 골반 부분의 훈련에서는 먼저 전회전(前回轉:앞쪽으로)과 후회전(後回轉:뒤쪽으로) 운동을 해서 골반을 움직이는 것을 배우고, 그 후 균형이 잡힌 위치를 찾는 훈련을 한다. 앉은 자세·선 자세에서도 마찬가지로 처음에는 악기 없이하고 다음에 악기를 갖고 한다. 눈을 감은 상태에서도 해 본다.

| 잘못된 위치 | 잘못된 위치 | 바른 위치 |
| 너무 뒤로 갔음 | 너무 앞으로 갔음 | 정렬하고 있음 |

그림18. 머리 위치

머리는 시각기관·청각기관·평형기관뿐만 아니라 중추신경계통의 주요기관인 뇌를 보호하고 있다. 그러한 이유에서 머리 부분의 위치는 아주 중요하다. 경추(頸椎)의 자연스런 곡선을 놓치지 말고 몸의 축 위로 정렬해 두도록 한다. 옆에서 보면 귀와 어깨의 위치가 일치해야 한다. 만약 머리가 앞으로 튀어나온 상태라면 목 근육은 긴장한 채로 운동하게 되고, 반대로 머리를 뒤로 뺀 상태라면 목등뼈의 만곡을 잃게 되어 숨을 내쉬는데 지장을 가져온다. 예를 들면, 비올라를 받치기 위해서는 머리와 어깨 사이에 턱을 대고 악기를 끼워 고정하는데, 처음 자세에서 머리가 앞으로 너무 나오면, 악기를 놓은 위치도 더 앞쪽으로 가게 된다(그림18).

여기에서 따로따로 설명해온 여러 가지 정적 요소를 일체화하기 위해서 신체의 각 부분이 정렬한 상태에서 머리 꼭대기부터 한 가닥의 실을 펴고 위로 잡아당겨 등뼈가 펴지는 모습을 상상하면서 스트레칭하기를 권한다.

이 단순한 트레이닝은 워밍업을 끝낸 음악가(악기 연주자나 성악가도)가 스케일 연습을 하기 전에 특히 유효하다. 왜냐하면 음악 동작을 시작할 때 양발·골반·등뼈·머리라는 신체 위치를 음악가가 의식하기 때문이다.

이상과 같이 정적 요소의 여러 가지 의식화 훈련은 개개의 요소를 제각기 다루고 나서 그것들을 합쳐서 가는 형태로 한다. 즉, 처음에는 악기 없이, 다음에 악기를 가지고 있다는 생각으로 연주할 준비를 하고, 마지막으로 악기를 가지고 하는 식으로 한다. 또, 먼저 눈을 뜨고 하고, 그 후 눈을 감은 상태에서도 한다.

3. 동적 요소: 등뼈 · 상지(上肢)

음악가의 자세에서는 어떤 정적 요소의 변화라도 동적 요소에 영향을 미친다. 골반이나 머리의 불균형 상태는 각각 등뼈 · 견갑대(肩甲帶)의 형태를 변화시킴과 동시에 상지의 기능에도 직접 영향을 미치게 되기 때문이다. 신체 자세는 일정시간 자세를 유지하기 위한 안정성과 저항성을 주는 정적 요소뿐만 아니라, 예를 들면 트릴(trill)을 할 때 필요한 속도나 민첩성을 가져오는 동적 요소도 필요로 한다.

신체기관의 중축을 이루는 골격인 등뼈는 어떤 의미에서는 정적 요소와 동적 요소 사이에서 중개 역할을 하고 있다고 할 수 있다. 그와 같은 이유에서 등뼈 위치와 수직성을 인식하는 것은 자세 조절의 중요한 항목의 하나이기도 하다.

등뼈의 주된 2가지 기능으로서 직립상태의 버팀과 척수(脊髓) 보호를 들 수 있다. 이러한 기능은 4곡선의 집합으로 이루어진다(그림19).

- 경추 : 7개의 등골뼈가 전만 곡선(前彎曲線 : 앞쪽으로 凸형상)을 형성하고, 등뼈 중에서도 높은 가동성을 지닌다. 평형감각 · 시각운동에도 관련된다.
- 흉추 : 12개의 등골뼈로 이루어지는 후만 곡선(後彎曲線) 형상(뒤쪽으로 凸형상)으로 흉부를 지탱하는 역할을 한다.
- 요추 : 등뼈 중에서 가장 크고, 최대 중량에 견디는 능력을 가진 5개의 등뼈로 이루어지며, 경추와 마찬가지로 전만(앞쪽으로 凸형상) 곡선을 그리고 있다.
- 선골 · 미골 : 성인은 골유합(骨癒合)된 5개의 등골뼈로 구성되며, 골반과 양 다리에 힘을 전달하는 역할을 한다.

등뼈는 서로 후만 · 전만 곡선이 균형 잡히면서 그려진 형태로 되어 있다. 이 곡선은 직립 자세에 중력이 미치는 영향에 적응해가는 진화 과정에서 형성된 것이다.

골반 · 머리 · 어깨 등의 위치가 등뼈 곡선을 변화시키는 것에 대해서는 앞에서도 서술했지만, 여기에서는 양 어깨를 앞으로 내밀어 많이 구부러진 첼로 주자를 예로 들어 생각해본다. 양 어깨를 구부리면 거기에 따라서 등도 구부러지기 쉽다. 이 첼로 주자가

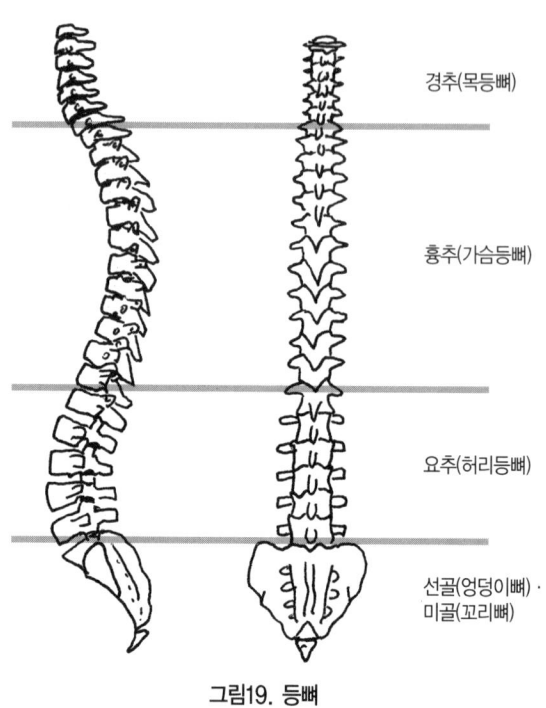

그림19. 등뼈

    만약 프로로서 활동하고 있는 동안에 이 자세를 유지한다면 등뼈 후부의 인대와 근육이 늘어나고, 등뼈의 다른 부분에서 대상(代償)작용이 일어나는 나쁜 습관을 낳는 결과가 되기 쉽다(그림20).
    마치 배의 돛대처럼(카판디[1]) 등뼈는 각자가 몸에 익힌 여러 자세에 순응해가는 것이다. 그리고 그것은 특히 등뼈와 견갑대·골반대라는 2대(帶) 사이에서 분명히 볼 수 있다.
    스툴에 앉거나, 한쪽 발을 바닥에, 또 한쪽 발은 의자에 걸치고 있는 기타리스트의 모습을 상상해보자. 이 자세는 요추에 영향을 주는 골반의 불균형을 만들어내고, 요추가 옆으로 어긋나서 그 대상작용으로 등뼈의 윗부분이 반대쪽으로 측굴(側屈)하여 조정하게 된다. 이러한 자세를 습관적으로 유지하면 등뼈 측만증(또는 등뼈 측만의 어긋남)이 일어난다. 그렇기 때문에 두부·목·양팔이 아무런 긴장도 없이 자유자재로 움직이도록 하기 위해서는 균형 잡힌 자세 유지와 골반대·견갑대의 균형에 주의를 기울여야 한다(그림21).

그림20. 자세의 영향

 같은 문제는 건반악기에서도 볼 수 있다. 연주에 따라 옆 방향으로 이동하는 경우, 좌석에 골반을 고정한 채로 상반신만을 이동시키는 방법과 그것보다는 손상이 적은 전근(殿筋)을 띄워서 체중 전체를 원하는 방향으로 이동하는 2종류의 자세가 있다. 후자는 (뒤쪽에서 보면) 골반이 신체에 대하여 완전히 쭉 곧은 상태를 유지하고 있지만, 전자는 등뼈 측만 동작을 조장하게 된다(그림22).

 그 이외에도 앉은 자세에서 앞으로 구부리거나 또는 뒤로 젖힌 상태가 계속되면 각각 요추의 과도한 전만, 생리적인 요추 전만 곡선이 현저하게 감소하는 상태를 일으키게 된다. 의자의 형태와도 관계되는 에르고노믹스(인간공학) 개념과 등뼈에 미치는 영향에 대해서는 제5장에서 더 자세히 설명하겠다.

 음악가의 신체에 나타나는 여러 가지 문제의 하나로 등의 통증이 있다. 이것은 완전하지 않은 신체상태, 유해하거나 또는 신체기능상 부적절한 자세를 장기간 계속하는 것, 또는 악기의 연주시간을 급격하게 늘리는 것 등과 직접 관련되어 있다. 신체의 부조(不調)·변조(變調)는 주로 경추·요추 부분에 나타나고, 그것들이 음악가의 피로에 직접 관련되는 긴장상태를 일으킨다. 그렇기 때문에 음악가에게 등뼈 상태를 인식시키는 것을 의도한 트레이닝은 신체기관에 적합하지 않은 자세를 서서히 개선시켜 기능상의 장해 출현을 감소시킨다.

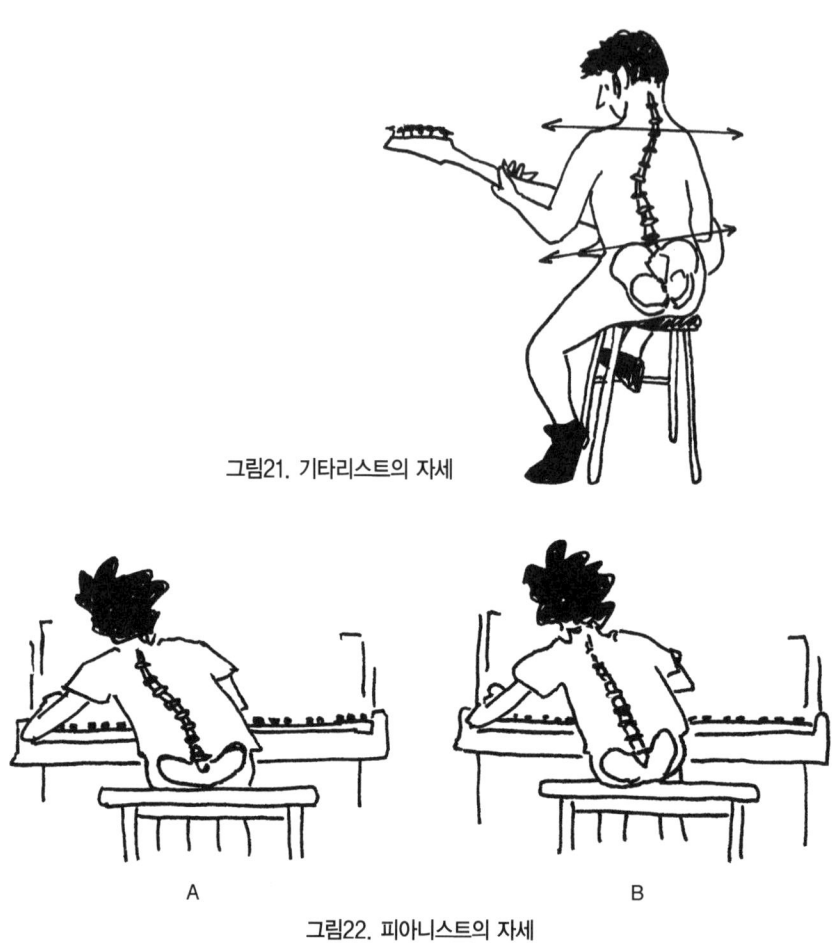

그림21. 기타리스트의 자세

A B

그림22. 피아니스트의 자세

등뼈. 무릎을 구부리고, 양발을 바닥에 붙인 상태에서 매트리스 위에 위로 향하여 눕는다. 이것이 등뼈 위치를 알 수 있는 최초의 자세다. 바닥 면에 닿은 허리 부분의 버팀목, 경추 부분의 곡선을 늘리지 않는 머리 부분의 버팀목을 느낀다(그림23).

이 자세는 신체의 버팀목이 어떻게 작용하고 있는지와 신체 좌우의 불균형을 알 수 있게 한다.

최초의 자세에서 바닥에 앉은 자세, 직립자세로 등뼈의 자연스런 곡선과 머리 부분에서 1줄의 실로 끌어당기고 있는 것 같은 수직 감각을 유지하면서 자세를 서서히 이행

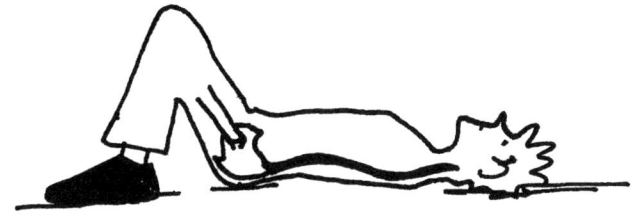

그림23.
배와위(背臥位) 자세

한다. 훈련은 처음에는 악기 없이, 다음에 악기를 준비한 상태를 이미지하고, 마지막에 악기를 가지고 행한다. 먼저 눈을 뜨고, 계속 눈을 감고도 해 본다.

사용하고 있는 악기로 가능하면 위를 향한 상태에서 연주해 본다. 양 어깨·목 부분이 받쳐지고, 이런 부분에 평소 생기는 긴장이 감소하기 때문에 피로감이 있는 경우에는 상당히 유효한 자세다.

신체의 수직성과 각 부분의 정렬 개념을 파악할 수 있으면, 신체 전체가 음악 동작에 참가할 수 있도록 하기 위해서 악기 연주자뿐만 아니라 성악가도 연습과 본방송 전의 워밍업의 스케일 연습을 쭈그리거나, 몸을 흔들거나, 여러 가지 리듬으로 방 안을 걸으면서 해보기를 권한다(그림24).

3.1. 동적 자세의 조절

하지(下肢)는 악기연주자나 성악가에게 안정성을 주기 위한 버팀목, 그리고 상지는 예술표현을 위한 동작을 가져온다. 성악가의 경우 음악 동작은 신체 내부(주로 성대·후두근)에서 이루어지지만, 악기연주자나 오케스트라 지휘자의 경우에 상지는 보다 다이내믹한 동작을 몸에 지니게 된다.

연주장면에서 악기에 따른 좌우 팔의 배치를 가능하게 하는 동적 자세의 조절은 상지와 견갑대와의 양호한 관계에 따른다. 그래서 안정된 자세로 받쳐진 전체적인 움직임을 취하기 위해서 개개의 부위를 분리하여 생각해본다. 그렇게 함으로써 최소한의 노력으로 최선의 균형을 얻을 수 있다.

악기상의 상지 배치에 대해서는 양팔의 동작 기점과 신체 축에서 떨어진 부위인 악기에 닿는 손의 모양 2가지가 중요한 열쇠가 된다. 다만, 관악기 연주자나 성악가에게 있어

그림24. 신체를 의식하기 위한 자세

서 음악 동작을 하는 신체의 축에서 가장 먼 부분은 구강(口腔)이라고도 생각할 수 있다.

양팔 동작에는 어깨 관절 주변의 여러 근육이 관련된다. 그렇기 때문에 악기에 손을 뻗는 행위는 아주 중요한 순간이다. 그러나 직접 악기로 향하는 것이 앞 팔이나 위팔이기 때문에 대부분의 경우 가동 영역이 넓고 편리한 어깨가 양팔의 기점이라는 것을 잊기 쉽다.

상완골(上腕骨:위팔뼈)은 팔에서의 장관골(長管骨)이며, 근위단(近位端)은 견갑골 관절와(關節窩)와 연접하고 있다. 어깨 관절이라고 하는 이 상완 근위부(近位部)의 관절은 상대하는 상완골두(上腕骨頭)와 견갑골 관절와가 구(球)관절을 형성함으로써 넓은 가동성(견갑상완관절은 사람의 신체에서 가장 가동성이 뛰어난 부분)을 갖추고 있다. 어깨에 위팔이 매달려있는 것 같은 느슨한 골성(骨性)연결을 형성하고 있는 한편, 그와 동시에 필요해지는 안정성과 연부(軟部)조직[2]에 의해 초래된다. 인간의 어깨 생체역학은 상당히 복잡한 것으로 여기에서 그것을 상세하게 학습하는 것은 우리들의 목적이 아니다. 그러나 상완골과 견갑골 관절와의 방향이나 위치가 어깨 전체에 직접 연관된다는 사실을 알아두는 것은 아주 중요하다. 예를 들면, 편평한 형상이며 상당히 얇은 견갑골은 주위가 각 근육에 둘러싸이면서 흉곽에 바싹 붙어 있다. 상지 동작에 따른 각 근육의 수축에 의해 견갑골이 흉곽을 미끄러지듯 움직인다. 이때 상완 골두가 너무 내려가 있으면 견갑골 관절와와 접하는 상완 골두의 연골 표면의 위치가 바뀌고, 그럼으로써 관절면의 어긋남[3]이 일어나며, 팔의 동작에 관련되어 있는 근육군의 불균형을 더욱 조장해버리는 경우도 있을 수 있기 때문이다.

휴식시간 후에 다시 연주하기 위해서 책상이나 의자 위에 놓은 악기를 들려고 할 때, 악기의 정면을 향하고 나서 팔을 뻗으려고 하지 않고, 갑자기 무리한 자세로 허벅지를 굽힌 채, 또는 상지(上肢)를 신체 옆면에서 너무 떨어진 지위(肢位:어깨의 외전 운동)로 잡아서 끌어당기는 광경을 자주 보는데, 이러한 거듭되는 무심한 동작이 어깨 관절 주변의 손상 요인이 되는 경우도 있다.

그렇기 때문에 악기를 손에 들 때는 양팔을 내밀 때 잠시 주의를 기울일 것을 권한다. 의식을 견갑골에 집중시킨 다음에 팔을 앞으로 내밀고 완전히 펼친다. 사소한 것이지만, 그렇게 함으로써 어깨 관절의 피로상태를 회복하는데 도움이 되며, 손상 예방도 된다(그림25).

기능상의 문제를 나타내는 또 하나의 국면은 악기에 닿는 손의 모양이다. 각 악기는 고유의 특질을 가지고 있는데, 어느 악기나 공통되는, 특히 존중해야 할 3가지 기본개념이 있다

1. 손의 아치를 유지하는 것[4]
2. 각 손가락의 축을 중요하게 할 것
3. 엄지손가락 대립운동

피아노 연주의 기본자세로서 이러한 개념이 중요시되고 있는 것은 잘 알려져 있다(옥타브를 칠 때 등, 엄지손가락과 다른 4손가락의 마주 봄이 완전히 없어지는 것 같은 경우도 있지만). 그러나 이것은 특별히 피아니스트에게 한정된 것이 아니고, 관악기 주자나 현악기 주자가 악기를 준비할 때도 주의해야하는 중요한 포인트다.

보다 빠르게, 보다 정확하게, 보다 완벽하게 연주하려고 기를 쓰면, 무의식중에 키나 현에 직접 닿는 손가락의 움직임에 정신이 팔려서 손의 아치나 받치고 있는 엄지손가락

처음의 자세   팔을 앞쪽으로 이동

그림25. 악기로의 접근

은 잊기 쉽지만, 손 모양에 주의를 기울이는 것은 손의 다이내믹한 움직임을 가능하게 하며, 연주에 요구되는 스피드나 민첩성을 얻기 위해서도 도움이 된다. 또한, 각 손가락 관절을 제동하는 인대 조직에 생기는 이상의 예방에도 연계된다. 물론, 개개인의 악기에 대한 적응능력은 다르지만, 위의 3가지 기본개념은 신체기관의 활동과 악기연주 기술을 결부시키는데 도움이 되는 것이다(그림26).

   신체의 균형과 안정된 자세로 받쳐진 신체 전체의 움직임을 얻기 위해서는 정적 요소와 동적 요소 양쪽의 트레이닝을 해야 한다. 우선 따로따로 행하고, 그 다음에 포괄적으로 구성하여 행한다. 그것이 최소한의 노력으로 최대 효과를 가져오는 방법이다.

   전체적으로 음악가가 항상 고려해야 할 기본적 측면인 호흡을 잊어선 안 된다. 대부분의 성악가와 관악기 주자는 이것을 의식하여 몸에 익히지만, 다른 음악가는 일상의 연습에서 호흡훈련을 하지 않는다. 전장의 해부학의 기본개념에서도 서술한 것처럼 적절한 호흡은 효율적으로 체내 조직에 산소를 보내주고, 근육 피로를 감소시키는 것과도 연계된다. 횡격막 호흡은 등뼈의 자연스런 곡선의 균형을 유지하는데 도움이 되며, 자세 조절을 향상시킨다. 그 외에도 호흡 조절은 호흡수를 조정하여, 커다란 안심감을 음악가에게 가져오고, 불안한 상태(콘서트, 오디션, 테스트 등)를 앞에 두고 나타나는 징조도 감소시키는 효과가 있다. 제4장에서는 음악가들에게 여러 가지 패턴의 호흡 방

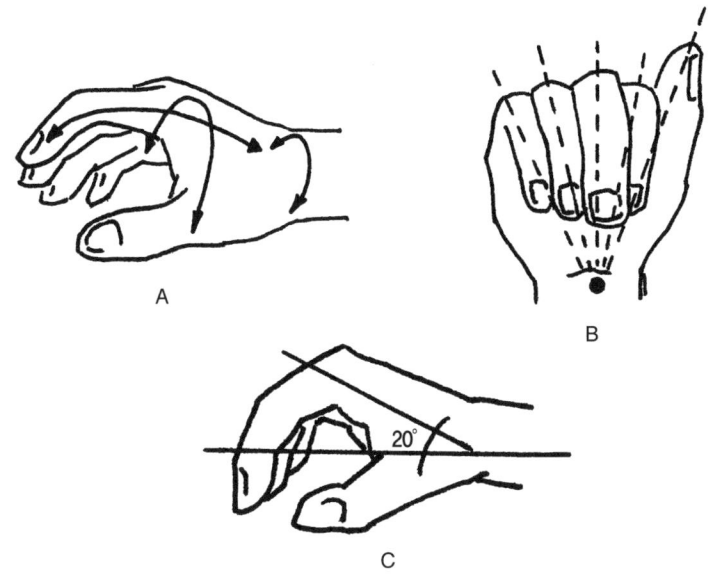

그림26. 손 활동의 기본개념
A) 손의 아치-세로 아치, 고정식 가로 아치, 가동식 가로 아치. B) 손가락 축-손을 쥐는 동작을 했을 때에 4손가락의 끝이 한 점으로 향한다. C) 엄지손가락 대립운동-엄지손가락과 다른 손가락의 마주봄.

법을 알고, 일상의 음악활동에 상당히 유효하다고 생각되는 호흡 조절 트레이닝을 몇 가지 소개하겠다.

4. 적절한 음악훈련을 위한 전체적인 주의사항

신체를 음악가의 중요한 도구로 생각하는 정적 요소 · 동적 요소의 훈련을 함으로써 지식도 깊어지게 된다. 각각의 국면을 나눠서 훈련하는 것은 나중에 최선의 신체 균형에 이르기 위한 것이므로 전체적인 훈련을 확실히 한다. 자세의 기본개념을 응용한 다음에 규칙적인 신체 운동을 하고, 제4장에서 자세히 소개하는 여러 가지 트레이닝을 실시함으로써 음악가는 자신의 신체 효율을 향상시키는 가능성을 가지게 된다. 신체 컨디션의 향상은 음악활동에서 돌발적으로 일어나는 피로를 감소시키고, 예술표현의 능률에도 직접 영향을 줄뿐만 아니라 음악동작이 원인으로 생기는 기능상의 장해도 현저하게 줄여준다.

이제부터 서술할 주의사항은 규칙적·집중적으로 음악 훈련을 하는 모든 사람들을 위해서 쓴 것이다. 유감이지만 몇 군데의 음악원·음악학교에서는 아직까지도 "No pain, no gain(고통 없이 얻는 것은 없다)"라는 악명 높은 표현을 들을 수 있는데, 그것을 불식시키기 위한 어떤 진보적인 지침이 되었으면 한다.

- 신체를 되살리는 워밍업을 한다(악기 없이). 이제부터 시작되는 음악활동에 대비하기 위해서
- 악기를 사용한 훈련은 중음역(中音域) 스케일이나 가벼운 연습부터 시작한다. 이것은 몇 분 사이에 신체 균형을 얻을 수 있도록 하기 위해서, 또 신체와 악기의 관계를 단단하게 하기 위해서 호흡법 트레이닝도 한다.
- 하루의 악기 연습 중, 몇 분간은 휴식시간으로 활용한다. 50분마다 10분 휴식을 권한다. 휴식시간에는 자세를 바꾸거나, 신체를 움직이거나, 스트레칭을 하는 것도 잊지 말자.
- 가능한 연습시간을 분할한다. 예를 들면, 6시간을 연습해야 하는 경우에는 근육의 회복능력을 돕기 위해서 오전과 오후로 나누는 식으로 한다.
- 곡의 한 부분에서 막다른 곳을 피한다. 근육·신경의 피로나 악화를 일으키는 어떤 종류의 음악활동의 반복이 결과적으로 나쁜 쪽으로 향하는 버티기가 되지 않기 위해서.
- 일정한 활동 중단기간 후는 연습시간을 단계적으로 늘려간다. 첫날은 10~15분 정도만 하고, 조금씩 늘려간다. 마찬가지로 음악활동시간을 늘릴 필요가 있는 경우도 급격하게 하지 말고, 적응기간을 준비해서 서서히 해나간다.
- 음악활동에 관련되는 모든 변화의 발전적 통합(의자 모양·악기의 연주기술·발성기술·악기에 대한 적응·레퍼토리 등). 유감이지만 이러한 당연한 것이 이뤄지지 않고 있어서 많은 문제의 근원이 되고 있다.
- 음악활동의 마지막에 스트레칭을 한다. 악기연주에서 사용한 조직·기관의 회복을 위해서.

- 정기적인 운동을 한다(제3장에서 어떤 운동을 권하는지 언급하겠다).
- 균형 잡힌 식사 · 적절한 수분 보급에 유의한다(특히 레슨 전 · 중 · 후, 콘서트할 때 등).
- 가능한 최소한의 수면시간을 확보한다(하루 7~8시간).
- 프로 음악가나 음대생도 일주일 중, 음악활동을 쉬는 날을 정한다.
- 음악훈련이 원인으로 생각되는, 또는 연습중에 나타난 나쁜 컨디션 · 질환은 바로 전문가에게 상담한다.

5. 유년기의 음악활동

유년기는 육체적으로도 정신적으로도 적응성 · 유연성이 뛰어난 시기다. 따라서 외국어 습득이나 악기 · 성악을 시작하기에 좋은 나이인 한편, 장래에 대한 기초를 확립하는 시기이기도 하다. 신체기관의 미숙함이 극단적인 또는 잘못된 형태의 연습을 강요하여, 어떤 문제를 일으킬 가능성이 있지만, 개인의 발육단계에 적합한 연습에 따라 피할 수 있는 것도 많고, 어른과 비교해서 적응능력이 뛰어난 것은 사실이다.

따라서 유년기에 행하는 음악 학습에서는 다음과 같은 점에 유의해야 한다.

- 아이의 연령
  여러 성장 단계, 특히 사춘기는 조직의 성숙과정(성장연골 등)과 많이 관련되어 있고, 이 시기에 어떤 자세를 무리하게 강요하면 신체에 손상이 생기는 경우가 있다.
- 악기 사이즈
  아이들은 반드시 자신의 팔 · 다리 길이에 알맞은 악기를 사용하고 있다고 할 수 없으며, 무리한 자세의 연주를 강요받고 있다. 따라서 앉아서 연주할 때, 양발이 정확하게 지면에 닿아서 받쳐지도록 자신의 키에 맞는 높이의 의자, 스툴을 사용하는 것은 물론, 아이의 신체를 고려하여 특별하게 만들어진 작은 사이즈의 악기를 사용하는 것이 중요하다.
- 아이의 신체 형태

한사람 한사람이 손의 형태나 신체의 유연성 등 악기 연주의 동작에 크게 관련되는 독자의 신체적 성질을 가지고 있다. 각각의 형태를 고려한 다음에 음악기술과의 균형을 취하는 것은 음악교육에 종사하는 사람들의 도전이라고도 할 수 있다.
- 아이에게 맞는 악기와 레퍼토리의 선택

종종 개인의 체형이 악기 종류를 결정짓는 경우가 있다. 예를 들면, 팔 길이가 긴 아이 쪽이 그렇지 않은 아이보다도 큰 악기를 하고 있고, 그 반대도 그렇다. 마찬가지로 연주곡의 선택도 개인의 기량에 따라 바뀌는 것이기 때문에 음악 동작에서 사용하는 신체조직에 너무 부담을 주지 않기 위해서도 아이의 기능 레벨을 과도하게 넘는 곡을 연주시켜서는 안 된다.

이상의 요소는 악기·가창 학습에 도움이 되는 것으로 그렇게 함으로써 아이가 음악 활동을 즐길 수 있게 된다. 개개의 실태를 잊지 않고 악기를 동반하는 신체의 움직임을 추구한 음악교육은 기능 장해가 나타나지 않는 신체조직을 확립해준다. 또한, 나쁜 컨디션·비정상의 조기발견과도 연결되어, 때마침 발견할 수 있으면 문제 해결의 가능성도 있다.

그림27은 어린 학습자용으로 악기 연습과 병행해서 신체의 인식과 트레이닝을 어떻게 레슨 속에 넣을 것인가를 알기 위해서 그린 것이다.

그림27. 악기 연습을 진행하기 위해서는
1) 레슨 전에 워밍업을 하여 전신을 따뜻하게 한다. 2) 간단한 스케일 연습부터 시작한다. 3) 자세(골반·양 다리·어깨·머리의 위치)를 의식한다.

그림27. 악기 연습을 진행하기 위해서는
4) 호흡을 의식한다. 5) 25분마다 5분을 쉬도록 한다. 6) 갑자기 악기로 소리를 내지 말고, 머리 속에서 악보를 읽는 시간을 갖는다. 7) 휴식 때에는 스트레칭을 한다. 8) 짐은 너무 무겁지 않도록 하고, 옮길 때는 무게가 좌우 어깨에 균등하게 실리도록 한다. 9) 음악 이외의 운동을 한다. 10) 레슨 시간은 단계적으로 늘린다. 11) 레슨 종료 시에 다시 스트레칭을 한다.

보다 깊이 이해하기 위해서

- 로베르트 슈만(Robert Alexander Schumann, 1810~1856)의 일화는 부적절한 음악 훈련의 명백한 예다. 그는 각 손가락의 독립성 향상에 대한 강한 의지 때문에 도르래와 추가 달린 휴대용 건반을 고안하여, 어디에 가더라도 가지고 다녔는데, 결국 이것이 원인이 되어 솔리스트로서 피아노 연주를 할 수 없게 되었다[5].
- 대륙간 이동 여행에 따르는 시차는 체내 시계의 리듬을 교란시켜, 음악가의 연주 효율에도 영향을 미친다. 따라서 이러한 요인을 고려한 다음에 연주 여행 프로그램을 짤 것을 권한다.
- 숨을 들이마실 때에 일어나는 횡격막 뒤쪽의 근섬유 수축은 요추(허리등뼈)의 전만(前彎)을 증대시킨다.
- 급격한 스트레칭의 반복이나 지나치게 압력을 가하는 것은 사춘기 전에는 장축(長軸) 방향으로 골화(骨化) 과정에 있는 성장 연골(軟骨)에 손상을 가져올 우려가 있다.
- 성장기 아이는 인대를 포함한 뼈 관절 조직이 아주 무르기 때문에 빠르게 악기를 조작할 수 있는 반면, 관절이 유연한 만큼 불안정성도 있다. 이러한 상태에서 반복 연습의 맹훈련을 하면 견딜 수 없는 경우를 종종 볼 수 있다. 그것은 사춘기 아이에게는 관절을 안정시키기 위해서 필요한 근육의 양과 근력이 완전히 갖춰지지 않았기 때문이다.

편집자 주

(1) 카판디(Ibrahim Adalbert Kapandji)
프랑스의 정형외과의사. 저서 『관절 생리학(Physiologie articulaire)』 외.
(2) 회선(回旋)건강과 그것에 관련되는 근육군(견갑하근 · 극상근 · 극하근 · 소원근), 상완이두근장두건(上腕二頭筋長頭腱), 관절순(關節脣) 등.
(3) 불안정성이나 아탈구(亞脫臼) 등.
(4) 손바닥의 둥그스름한 모양 · 손바닥 원개(圓蓋)라고도 한다. 감수자에 의하면 「사람의 손에는 침팬지에게서는 볼 수 없는 손의 아치가 있으므로, 기능상 교치(巧

緻)운동을 할 수 있도록 되어 있다」고 하므로 여기에 덧붙인다.
(5) 이 일화는 루이스 오로스코 델크로스의 추천의 글에도 언급하고 있는데, 진위에 대해서는 여러 설이 있다.

제3장 음악가의 신체 · 운동 컨디션

그림28은 음악가의 생활 중에서 무심히 하게 되는 습관적인 동작을 나타낸 것이다.

1. 신체적 성질

이 그림을 보고 알 수 있는 것은 의식적 또는 무의식적으로 음악가가 어떤 신체활동을 하고 있는가이다. 어쨌든 휴식상태보다도 신체를 움직이고 있을 때 훨씬 많은 에너지를 소비하기 때문에, 정상으로 음악동작을 유지 · 발전시켜가는 것은 그 사람의 신체 컨디션과 운동 컨디션 나름이라는 것이다.

이 의미를 더 잘 이해하기 위해서 체육학 · 스포츠과학 연구자들이 이러한 개념을 어떻게 인식하고 있는지 알아본다.

1.1. 신체 · 운동 컨디션

신체가 갖고 있는 운동능력이나 생명력은 우리들에게 과도한 피로를 부르지 않고 매일 매일의 노동을 하며, 여가를 활동적으로 즐기고, 예측할 수 없는 사태에 대응할 수 있으며, 동시에 운동부족에서 기인하는 병이나 손상을 피하는데 도움도 된다.

* 본 장은 베트렘 고미라 이 세라(Betlem Gomila i Serra, 바르셀로나 카타르냐 체육교육학연구소에서 체육학 · 스포츠과학의 학사 학위를 수여. 그림29의 작성자)의 집필 협력에 의한 것이다.

그림28. 신체적 성질

전문가에 따르면 신체 컨디션에 명백히 영향을 미치는 요인은 아래와 같은 것이다.

- 유전적인 것
- 연령·성별
- 신경계통의 조정
- 정신면(精神面)의 능력
- 경험
- 건강한 생활습관·스타일
- 적절한 트레이닝
- 정신면의 준비

근력 · 지구력 · 유연성 · 스피드라는 4가지 기본적인 신체적 성질 중에서 특히 근력과 지구력이 신체 컨디셔닝의 구성요소다.

그림28은 여러 가지 악기에서 일상적으로 반복해서 하게 되는 상황 중에서 예로 든 것이므로, 근력 동작은 그림에 있는 것뿐만 아니라, 예를 들면 첼로 주자가 하나 또는 그 이상의 현을 누르는, 퍼커션 주자가 힘껏 징을 두드리는, 콘트라베이스 주자가 피치카토하는 경우에도 나타난다.

음악가는 아이소메트릭스(등척성 수축 : 근육 전체의 길이가 변하지 않는다), 콘센트릭스(수축성 수축 : 근육 전체의 길이가 짧아진다), 엑센트릭스(원심성 수축 : 근육 전체의 길이가 늘어난다)라는 근육의 움직임에 따라서 만들어낸 최대력 · 순발력 · 민첩력 · 지구력과 같은 여러 표현으로 불리는 능력을 사용하여 연주한다.

근육의 수축시에 생기는 근력의 정도나 장력 레벨은 상기와 같은 많은 요인, 예를 들면 생물학적, 역학적 요인, 성별에 따라 다르다. 그 중에는 근섬유의 수를 증가시키는 것 등, 트레이닝에 의해서 수정할 수 없는 것도 있지만, 그 대부분은 최대 효율을 얻기 위해서 어느 정도 훈련하는 것이 가능하다.

신체 컨디션의 또 하나의 구성요소인 지구력. 이것은 부분적 지구력과 전신적 지구력 2가지로 나눌 수 있다.

부분적 지구력의 한 예로서 피아니스트가 비교적 오래 쉬지 않고 계속 연주하는 패시지나, 상당한 스피드가 요구되는 부분의 연습을 하고 있는 경우를 생각해보자.

자신의 신체능력을 넘는 속도로 계속 연주하려고 하면 할수록, 피아니스트는 심한 "통증"을 느끼게 되고, 마침내 그 이상 계속할 수 없는 상태에까지 이른다. 이것은 근육 조직 내에 배제할 수 있는 양보다도 많은 유산이 축적된 것을 의미한다.

부분적 지구력을 훈련함으로써 이 근육의 통증 발생을 늦추고, 아무런 불쾌감도 느끼지 않으며, 최대한으로 가능성을 발휘한 상태에서 연주할 수 있게 된다.

어떤 음악가에게나 콘서트에서 앉아있는 상태나 연주하고 있는 동안, 또는 곡 도중에 연주에 참여하려는 경우에 전신적 지구력이 요구된다. 그런 필요성은 지휘자 · 성악가에게서 보다 현저하게 볼 수 있다. 그들에게는 악기연주자가 악기와 접촉하는 것 같은 외적 요소가 없는 만큼, 대부분의 동작이 전신과 관련되어 있기 때문이다. 예를 들면 지휘자가 콘서트 중에 선 자세로 지휘봉을 휘두르는 동작, 성악가가 효율적으로 발성할 수 있는 것 같은 직립자세를 유지하는 자세 등이다. 그렇다고 해서 악기연주자가 전신 지구력을 조금밖에 필요로 하지 않는다는 것은 아니다. 다만, 각 음악가의 동작 타입에 따라서 각각 영향을 미치는 면이 다르므로, 자연히 훈련방법도 다르다는 것이다.

신체 컨디션에 더하여, 음악가들이 관심을 가지는 또 하나의 개념이 운동 컨디션이다. 이것은 음악가에게 힘찬 움직임과 격렬한 동작을 가능하게 하는 능력이다. 운동 컨디션은 여러 가지 요소로 구성되어 있고, 훈련함으로써 각 요소도 변화한다. 그러한 내역은 아래와 같다.

- 조정력

충분히 통솔되어 동시에 행해지는 모든 동작을 가능하게 하는 능력. 예를 들면 드럼 주자가 양팔, 양다리를 잘 연계시켜서 연주하는 경우에 많이 볼 수 있다.

- 밸런스 감각

정지상태와 마찬가지로 신체를 이동시키는 상태에서도 그 공간에서의 신체 컨트롤을 가능하게 하는 능력으로 특히 지휘자 · 서서 연주하는 악기 연주자 · 성악가에게 있어서 매우 중요한 요소다. 중력에 따른 체중의 적절한 분산 방법, 바른 신체의 안정성이 연주에서 최대한의 성과를 얻기 위한 동작을 쉽게 해준다.

- 민첩성

보다 빠르고, 기민한 동작을 하는데 필요한 능력.

- 순발력

아주 짧은 시간에 최대 근력을 동반한 힘을 내는데 공헌하는 능력.

- 유연성

민첩성 · 교치성(巧緻性)을 동반한 동작을 가능하게 하는 능력. 이것에 의해 음악가는 여러 자세에서의 움직임이나 관절 이동을 동반하는 넓은 범위의 움직임이 가능하다. 예를 들면, 피아니스트가 손을 벌려서 옥타브 코드를 칠 때나, 콘트라베이스 주자가 목 위에서 현을 누르거나, 활을 사용해서 연주할 때의 움직임이 그것에 해당한다. 계속적·단계적인 형태에서의 유연성 훈련은 관절의 움직임이나 근육의 신축성·탄력성에 좋은 영향을 미치므로, 이 능력은 모든 음악가에게 불가결하다.
– 스피드
단시간에 최대한의 효율로 운동시키는 능력. 이 능력은 위의 각 요소에 좌우된다. 즉, 악기연주자가 음악동작을 위해서 스피드를 얻으려고 하면 근력·지구력·연주에 필요한 동작 기술 훈련을 해야만 하고, 그렇게 함으로써 바람직한 향상을 얻을 수 있다.

여기까지의 해설에서도 알 수 있는 것처럼 신체 전체 자세의 향상·움직임의 순조로움을 좋게 한 다음에 효과적인 연주를 하는 것·손가락의 민첩성·연주의 스피드·긴 패시지에서의 지구력·근력·음악동작에서의 관절의 이동범위를 넓히는 것 등을 얻기 위해서는 음악가 자신의 신체·운동 컨디션을 향상시켜야만 한다. 신체적 성질의 향상을 목적으로 한 음악가를 위한 여러 가지 트레이닝에 대해서는 제4장에서 자세히 소개하겠다.

신체 컨디션과 운동 컨디션 등 2가지만이 음악가에게 영향을 주는 것은 아니다. 사소한 생활습관이나 신체의 인식, 신체에 관한 학습 질의 향상도 결정적 요인이 된다.
그러한 이유에서 트레이닝 방법에 대해서는 다음 장에서 서술하겠지만, 그러한 요인과 트레이닝 사이에 있는 인과관계를 적어둘 필요가 있다고 생각해서 요인의 상호간 관계와 거기에 관련된 사항을 요약하여 그림에 나타냈다(그림29).

```
                        ┌─────────────────────────┐
                        │        음악가            │
                        │ (지휘자/성악가/악기연주자) │
                        │         목표             │
                        │      (음악 창조)          │
                        └─────────────────────────┘
```

신체와 체조	표현도구로서의 신체	신체와 유전적 요소	음악가의 활동에 맞는 동작
음악가가 신체활동을 한다.	음악가는 자신의 신체를 가지 전하고 싶은 상대에게 표현한다.	유전 환경에서도 개개인의 신체는 다르다. 따라서 각각의 이상 형태를 존중할 필요가 있다.	음악가는 많은 조건이 주어진 가운데 연주한다.
필요하지는 것	그러기 위해서 여러 가지 기술과 훈련에 의해 신체·지력·정신적 조절을 구현과 동시에 신체의 건강상태에 관련되는 감정 컨트롤도 훈련한다. (예)요가, 불링, 펠덴크라이스, 태극 등	유전에 의한 신체적 국면·정신적 국면 자체가 외부와 접촉할 때 조건을 좌우하는 것이다: 성별·체중·체형·형태·생활에 어떤 상황에서 이루어지는 육체적·정신적 생활의 행동 등 이러한 것은 모두 음악가 일상생활 외에 모든 예술의 활동에 영향을 준다. 이 카테고리에서의 목표는 최소한의 노력으로 최대의 성과를 가져오도록 유전적 조건을 음악활동이 향상시키는 것이다.	- 연주할 때의 장소·자세 - 어떤 자세를 유지하기 위한 지속시간 (강제적이라도, 의식적이라도) - 악기를 연주하기 위해서 필요한 자세 (대부분의 경우 강요당한 형태가 된다) - 보정에 따르는 배치자세에서의 일부 근육·관절의 지나치게 많은 사용 - 수면시간, 식생활의 혼란
운동컨디션			
신체컨디션	신체상태		
근력	근육상태		
유연성	호흡		
스피드	밸런스		
지구력	벨런스		
민첩성	조정력		
순발력			
*체육학·스포츠과학에서의 기본적인 신체적 성질			
최선의 결과를 얻기 위해서 적절한 훈련을 함으로써, 베스트 컨디션을 유지할 수 있을 것이다.	정신과 육체의 중합적 훈련에 의해 신체에 대한 관심이 높아지고, 보다 좋은 인식을 얻을 수 있다.	각각 유일한 존재이고, 자세·동작 학습을 통하여 "이상 형태"에 접근할 수 있다.	이러한 조건이 대부분이 일상·생활습관을 연구함으로써 개선과 보정이 가능하다.
신체컨디션과 운동컨디션	신체의 인지	신체에 관한 학습	생활습관

신체컨디션과 운동컨디션 이러한 부분은 서로 보충하면서 음악가에게 은혜를 가져오고, 음악가의 최종목표인 (음악 창조)를 최소한의 노력·최대한의 효율로 달성시켜 준다.

그림29. 개념 델베트렘 모미라, 2001년

2. 신체 컨디셔닝의 이점

신체 컨디셔닝에 의해 얻을 수 있는 효과는 절대적이며, 신체의 여러 기관에도 좋은 영향을 줄 수 있다. 이어서, 그 이점에 대하여, 종사하는 직종에 관계없이 누구에게나 적합한 일반적인 효용과 음악가에게 있어서의 효용 등 2가지로 나눠 설명하겠다.

2.1. 일반적인 효용
- 생활 전반에서의 건강상태와 질의 향상(특히 업무면 · 사회교류의 장 · 여가⋯)을 기대할 수 있다.
- 신진대사, 심장혈관 · 호흡기 · 신경 · 운동기 계통에 좋은 작용을 한다.
- 면역 시스템을 강화하여, 병을 앓을 위험을 감소시킨다.
- 신경과민이나 긴장상태를 줄인다.
- 집중력을 강화하여, 지각이 예민해지기 때문에 머리회전이 빨라지고, 이해력이 증가한 것처럼 느껴진다.
- 신체 컨디션과 운동 컨디션을 향상시킴으로써 기본적인 신체적 성질도 향상된다. 그에 따라 자신을 갖고 일상생활이나 업무에 직면하기 위한 육체적 · 정신적 자질을 키울 수 있다.
- 좋은 체형을 유지하는데 도움이 된다.

2.2. 음악가에게 있어서의 효용
운동기관과 관련해서 :
- 뼈 · 관절 · 인대 · 힘줄 · 근육 등의 여러 조직을 강화함으로써, 음악가 특유의 근골격조직의 손상이나 발병 위험성을 감소시킬 수 있다.
- 지나치게 앉아있는 상태, 악기의 무게(적당해도, 그렇지 않아도), 악기의 구조나 인간공학상 요구되는 자세 등의 영향을 경감시킨다.
  외부에서의 부하에 견딜 수 있도록, 신체 준비가 정확히 이루어지게 된다.
- 효율적인 신체의 움직임을 얻을 수 있다.

에너지 소비를 억제하면서 효율적인 동작으로 보다 긴 시간의 연주 · 발성 · 지휘를 할 수 있게 된다. 지구력 · 근력 · 유연성 · 스피드의 향상에 따라 현재 이상으로 훈련이 즐겁고 순조로워진다.

심장혈관기관과 관련해서 :
- 피로의 보다 빠른 회복

트레이닝에 의해서 얻은 적응력이 심박수를 감소시켜준다. 이것은 체내의 각 기관에 혈액을 내보내기 위한 심근의 수축력 · 심장의 구출량(驅出量)이 강화되기 때문이다. 그 결과, 각 장기에 대한 산소와 영양분의 공급 상태도 좋아진다. 이러한 적응능력이 음악가의 지구력 · 회복력을 향상시킨다.

신경계와 관련해서 :
- 상승의 감소

트레이닝은 신경계통에도 작용하여, 무대 전의 신경성 스트레스나 과도한 불안 등의 징후(근육의 긴장 증가 · 조정력의 혼란 · 집중력의 저하 · 떨림 · 입의 갈증 · 발한 · 맥박 혼란 · 구역질 등)를 경감시킨다.
- 집중력을 높여서 지속시간을 연장시킨다.

체내 기관에 대한 순조로운 산소공급과 폐의 호흡용량이 늘어남으로써.
- 연주기술의 향상

트레이닝이 신경계통에 작용함으로써 조정력 · 민첩성 · 반응 스피드가 향상한다. 이미 정확한 기술을 갖고 있는 사람의 경우에는 보다 강고한 것이 된다.

호흡기계와 관련해서 :
- 폐의 생명유지 활동능력의 향상.

이것은 모든 음악가, 특히 성악가와 관악기 주자에게 유효하다. 1분당 호흡 회수가 감소함과 동시에 1회당 호흡의 깊이(1회 환기량)가 늘어난다.

기타 :
- 신뢰감 · 안심감 · 자기 컨트롤 능력의 향상
 상기의 효과를 자각함으로써 음악가 자신의 포지티브 · 피드백을 기를 수 있고, 자신에 대한 신뢰감과 안심감, 자기 컨트롤 능력이 향상된다.
- 정신과 육체가 모두 좋은 상태인 것에 따른 이해력의 향상
 신체에 관한 학습 준비가 갖춰지고, 건강한 생활습관과 신체에 대한 보다 좋은 인식을 지녀 유지하게 된다.

3. 음악가용 트레이닝 프로그램의 기본

- 레벨 I : 전반적인 트레이닝
 신체의 베스트 컨디션을 알아내고, 그것을 유지함으로써 전항에서 말한 효용을 얻는 것이 목적이다. 이 트레이닝은 음악가에 한하지 않고, 자신의 신체상태를 향상시키고 싶다고 바라는 모든 사람들에게 유효하다. 훈련방법의 하나로서 좋아하는 운동을 하는 것을 들 수 있는데, 그것에 대해서는 3.4.에서 언급하겠다.
- 레벨 II : 전문적 트레이닝
 이 트레이닝의 목적은 연주 · 표현력의 질을 향상시키고, 지휘 · 가창 · 악기연주에서의 효율을 좋게 하면서 각각의 음악가가 필요로 하는 특정 부분을 발전시키는 것이다. 훈련에서 악기 연주자는 악기를 사용하고, 성악가 · 지휘자는 아무것도 사용하지 않는다.

어떤 경우에도 트레이닝이 보다 효과적으로 작용하고, 결코 역효과가 되지 않도록 계획적이고 바르게 행해질 필요가 있다. 그 때문에 고려해야 할 원칙은 아래와 같다.

- 신체 컨디셔닝 · 악기 훈련 · 발성훈련은 애써서 얻은 진보를 잃지 않기 위해서도 장기간의 활동 정지상태를 만들지 않도록 한다 : 계속성과 가역성.
- 신체가 적응할 수 있도록 훈련 양은 조금씩 늘려간다. 또, 현재 상태의 레벨에 균

형을 맞춰 다음 단계에 대한 스텝이 되도록 과제를 선택하고, 난이도와 요구도를 단계적으로 올려가도록 한다. 부담의 단계적 발전.
- 여러 가지 훈련방법을 받아들이도록 한다 : 다양성.
- 기초적인 면의 연습부터 시작하여 서서히 구체적인 음악동작의 훈련으로 이행해 간다. 예를 들면 우선 곡의 배경을 이해하기 위해서 악기를 손에 든 상태에서 악보를 읽는 것부터 시작하고, 연주 연습이 진행함에 따라 스피드와 정밀도 등을 올려가도록 한다 : 다면성과 전문화.
- 사람 하나하나는 전혀 다르므로 개인의 신체에 맞고, 요구에 맞는 훈련에 대처할 필요가 있다. 어떤 사람에게는 아무 노력 없이도 견딜 수 있는 것이 다른 사람에게는 도전이 되는 경우도 있다. 마찬가지로 하프 주자에게 효과적인 트레이닝이 플루트 주자에게도 효과적이라고는 할 수 없다 : 개별화.

대략 말한 이상의 원칙 외에 "트레이닝 계획"을 세울 때는 특히 각 단계(리허설과 콘서트 횟수, 개인연습의 시간 수, 연주곡목의 종류, 프로그램상의 배분 등)가 요구하는 육체적·정신적 요구도에 주의를 기울이면서 휴식시간이나 연습시간에 대하여 고려해야 한다.

또, 음악 장르의 차이(클래식, 재즈, 팝스, 포크…)도 염두에 두어야 한다. 몸을 움직이는지 움직이지 않는지, 선 자세인지 앉은 자세인지, 마이크를 통하는지 통하지 않는지 등, 각각 독특하고 다른 스타일을 갖고 있기 때문이다.

또한, 악기구조를 관찰하여 악기와 연주자와의 관계가 어떻게 되어 있는지를 알고, 요구되는 근력 타입이나 강화해야 할 능력을 발견해내는 활동을 트레이닝 프로그램에 포함하여, 이러한 것을 자세히 이해한 다음에 각자의 현재 상태에 따라 적합한 연습을 계획하는 것도 중요하다.

마지막으로 음악가 개인의 특징(성별·체형 등)에 더하여 다음과 같은 적응능력도 연주 효율에 직접 영향을 미치므로 개인의 성질·특징에 맞는 훈련을 할 때 유의할 필요가 있다.

- 요구에 대한 적응력 :

  통상보다 긴 리허설 시간, 레퍼토리에서의 기술상의 곤란, 보다 높은 집중력 요구 등에 어떻게 적응하는가.

- 훈련에 대한 적응력 :

  훈련에서 특유의 자극에 어떻게 적응하는가.

- 생활리듬에 대한 적응력 :

  개인연습 · 리허설 등 일상생활에 어떻게 적응하는가.

- 콘서트나 콩쿠르에서의 적응력 :

  연주 스트레스에 어떻게 적응하는가. 개인 · 그룹 · 또는 솔리스트로서 연주할 때 어떤 상태에 빠지는가. 연주 효율에 어떻게 영향하는가. 공연시간에 어떻게 순응하는가. 또, 연주자의 기술 · 질이 어떤 작용을 미치는가 등.

- 각종 상황에 대처하는 적응력 :

  여러 발생 상황을 해결하는데 어떠한 자질이 요구되는가. 또, 그러한 자질을 몸에 익히거나 개선하기 위해서 어떤 역량을 준비하고 있는가.

4. 스포츠 · 운동 추천

전술한 2가지 레벨의 트레이닝이 최선의 결과를 얻기 위한 선택인 것은 의심할 여지가 없다. 그러나 양자의 훈련방법을 각각 자세히 해설하게 되면 한 장만으로는 도저히 다 담을 수 없다.

레벨Ⅱ의 전문적 트레이닝에 대해서는 다음 장으로 미루기로 하고, 여기에서는 레벨Ⅰ, 즉 전반적인 트레이닝을 시작함에 있어서 유효하다고 생각되는 몇 가지 지침을 소개하겠다.

4.1. 음악가에게 추천하는 운동

목적 : 바람직한 체형 획득과 유지

- 스포츠 :

걷기, 달리기, 수영, 보트(시트가 가동식인 것), 노르딕, 스키(중심이동의 리듬이나 자세 변화에 신체가 익숙해지는데 효과적) 등.
- 댄스 :
  모던댄스, 재즈댄스, 포크댄스, 아프리칸댄스 등.
- 보디랭귀지
  팬터마임, 신체표현교실 등
- 네이처 스포츠
  트레킹, 사이클링(등뼈에 부담을 주는 자세를 피하기 위해서 핸들 위치가 높은 것), 하이킹 등.
- 완만한 체조
  경기가 아닌 체조, 알렉산더, 요가, 태극권 등.

이러한 각각의 운동에는 각 악기를 사용한 동작과 마찬가지로 다른 근력이 신체에 요구되기 때문에 다른 근육 그룹의 움직임을 필요로 한다. 그러나 이러한 모든 운동에 공통되는 음악가에게 효과적인 특성이 있다. 그것은 상당히 포괄적인 운동이고, 넓은 범위의 근육군이 관련되어 있으며, 신체 전체를 강하게 해 준다. 또 어떤 운동도 강도·규모·부담이 소요되는 시간 조정을 할 수 있다. 그 외의 매력적인 특징으로서는 그룹에서의 활동이 가능하고, 대규모 시설을 필요로 하지 않기 때문에 상당히 경제적이라는 것이다.

체중과다, 등뼈 만곡 등의 문제를 안고 있는 사람이나, 어떤 손상을 입고 재활치료중인 사람에게는 자신의 체중을 지탱하지 않고 운동할 수 있는 수영과 사이클링을 특히 권한다. 또 같은 이유로 신체회복을 위한 간단한 트레이닝과 스트레칭을 사이클링·머신과 편성하는 것도 심한 운동부족인 사람에게는 운동을 시작하는 좋은 계기가 될 것이다.

4.2. 운동 선택과 실시에서의 중요한 주의사항

1. 할 마음을 일으키는 운동, 즐길 수 있는 운동을 선택한다. 그룹으로도 할 수 있는 운동으로 하면 도중에 포기해버리는 위험성을 피하는데 도움이 된다.

2. 연령·체형·그때까지의 운동경력 등, 개인의 성질에 알맞은 운동을 선택하는 것이 매우 중요하다.
3. 운동은 정기적으로. 예를 들면 주 3회 정도하고, 성과를 잃지 않기 위해서도 긴 정지기간을 갖지 않도록 한다. 또 지나치게 다양한 운동을 넣는 것은 피해야 한다.
4. 신체가 익숙해져감에 따라서 운동에 요구되는 능력도 단계적으로 늘려간다. 절대로 회복 불능이 되는 과도한 피로상태까지 되지 않도록 한다.
5. 운동시간을 잘 분배·계획한다.
6. 운동기술을 적절하게 실행할 수 있도록 노력한다. 그렇게 함으로써 운동으로 얻을 수 있는 모든 성과가 확실해지고, 건강에 유해한 것이 없어진다.
7. 운동 전후에는 각각 위밍업과 쿨링 다운(준비·정리운동)을 한다. 전자는 신체를 따뜻하게 해서 운동에 준비하기 위해서, 후자는 운동 후에 신체기관을 진정시키기 위한 것이다. 부드럽게, 적당한 강도로. 어떤 경우도 갑자기 시작하거나 그만두지 말 것.
8. 실시하는 운동기능에 맞는 도구(스포츠웨어, 실내화, 스니커 등)를 사용한다. 손상을 피하기 위해서도 몸에 잘 맞는지 어떤지 먼저 선택 때 특히 주의할 필요가 있다.
9. 운동 전, 휴식할 때나 종료 후에는 물이나 스포츠드링크로 적절한 수분 공급을 한다.

보다 깊이 이해하기 위해서

- 말러(Gustav Mahler, 1860~1911)가 지휘자·작곡가로서 상당히 바쁜 나날을 보냈던 사실은 잘 알려져 있지만, 그는 한편으론 수영이나 사이클링, 등산 등의 활동을 열심히 했다. 이 습관은 47세 때 심장에 입은 손상으로 그만둘 때까지 계속되었다고 한다.
- 짧은 시간에 고밀도의 연습을 해야만 하는 음악가는 긴 시간에 그만큼 집중적으로 연습하지 않는 음악가보다도 긴 시간의 워밍업이 요구된다.
- 일반인의 1분당 평균 심박수는 70~75박 정도다.
- 대부분의 등의 통증은 약한 복근이 원인이다. 따라서 전문가의 적절한 지도아래 트레이닝을 실시하면, 이러한 대부분의 통증은 없어진다.

- 근육조직의 트레이닝과 스트레칭을 편성해서 하면 그 이외의 방법보다도 높은 유연성을 얻을 수 있는 것이 과학실험으로 증명되고 있다.
- 다리를 릴랙스하게 함과 동시에 단련하는데 최적인 운동은 걷기다. 가벼운 템포로 매일 30~45분간 걷은 것은 아주 좋은 운동이 된다. 들판이나 해안은 지면에 기복이 있고 부드럽기 때문에 특히 걷기에 권하고 싶다.

제2부

제4장 음악가를 위한 신체 컨디셔닝

앞 장까지 읽음으로써 음악가는 음악동작을 할 때 신체적 성질을 발전시키면서 신체활동을 하고 있다는 것을 이해했으리라고 생각한다.

유연성은 근력이나 조정성과 마찬가지로 신체활동에서 상당히 기본적인 요소의 하나다. 그렇기 때문에 연주에서 최대의 효과를 얻을 수 있도록 하기 위해서는 음악가의 신체 컨디셔닝에 관여하는 모든 요소를 훈련할 필요가 있다.

어떤 음악훈련에 있어서나 신체에 관한 지식을 높인 다음에 트레이닝을 도입하는 것은 장애 위험을 감소하는 것과도 관련된다. 그래서 음악가의 일상의 현실에 알맞은 건강한 신체 만들기에 도움이 되는 트레이닝을 엄선하여 제안하겠다.

이제부터 소개하는 것은 음악가용으로 고안되어, 음악학습과 쉽게 편성할 수 있는 매우 흥미로운 트레이닝이다. 게재 부분을 간단히 찾아내고, 해설을 이해하기 쉽게 하기 위해서 (1)에서 (137)까지 번호를 붙여, 각각의 설명에 대응하는 그림을 붙였다.

호흡처럼 신체 전반에 관계되는 것부터 손가락 하나하나의 독립성과 같은 보다 특수한 조정력을 기르는 것까지 트레이닝 타입마다 4가지 블록으로 분류했다.

처음의 블록은 모든 것의 기본인 호흡 컨트롤에 초점을 맞추고 있다. 바른 호흡 방법을 배운다는 것은 하나하나의 생명유지활동에 크게 관련되는 신체자세에 좋은 효과를 가져온다.

두 번째 블록에서는 음악활동을 시작하기 전에 신체를 준비하는 목적으로 생각할 수 있는 워밍업을 채택하고 있다.

이어지는 세 번째 블록은 음악가에게 기본이 되는 스트레칭. 긴 시간에 이르는 레슨 후에는 음악동작에 관여하는 근골격조직의 회복이 필요해진다.

그리고 마지막 블록에서는 악기연주자의 손 움직임의 빠르기와 정확성을 향상시키는 것 등을 지향한 조정력 트레이닝을 소개하겠다.

신체 컨디셔닝은 음악가가 매일 매일의 연습 속에서 하고 있는 훈련을 보충하는 것이다. 예를 들면 피아노나 바이올린 연습곡은 분명히 그 멜로디를 매일 연주함으로써 연주자의 신체적 특징을 발전시키고, 연주 스피드를 향상시키는 것을 의도하여 만들어진 것이지만, 거기에 어떤 스포츠를 하는 등의 전신운동이나 신체 컨디셔닝을 편성함으로써 자기 자신의 신체를 인식하는데 도움이 되는 보다 포괄적인 훈련이 가능해진다.

제6장 악기별 트레이닝 리스트10은 이 장에서 자세히 해설하는 신체 컨디셔닝 중에서 각각의 연주가에게 적합하다고 생각되는 것을 파트별로 고른 것이므로 표시되어 있는 번호는 본 장과 일치한다.

물론 각각의 필요성에 따라서 트레이닝 폭을 넓혀갈 수도 있지만, 천천히 고통을 동반하지 않고, 개개의 신체상태에 순응시켜 가는 것의 중요함을 잊어서는 안 된다. 매일의 습관화가 결국 반복회수를 늘리게 하고, 경우에 따라서는 스피드의 향상을 가능하게 해 준다.

중요한 것은 처음에는 천천히 하여, 신체를 길들이는 시간을 충분히 취하면서 조금씩 발전시켜 가는 것이다.

1. 음악훈련에서의 호흡 컨트롤

모든 음악가의 신체 컨디셔닝은 호흡 컨트롤이 포함되어야 한다. 호흡이 음을 만들어내는 근원이 되는 관악기주자나 성악가에게 있어서 호흡을 컨트롤하는 중요성은 의심할 여지가 없다. 그러나 호흡은 다른 조직·기관에도 영향을 미치기 때문에 호흡을 아는, 즉 호흡기관을 효율적으로 사용하는 것은 누구에게나 중요하다는 사실을 잊어서는 안 된다.

좋은 호흡 컨트롤은 호흡수를 감소시키고, 폐활량의 증가를 가능하게 하며, 근골격 조직 내의 산소량을 늘리는데도 연결된다. 따라서 어느 분야의 음악가에게나 좋은 결과를 가져온다.

그 외에 호흡 컨트롤은 집중력 향상에도 연결된다. 프로스포츠 선수가 선수권·전형대회에서의 중압감을 줄이기 위해서 이 종류의 훈련을 일상 트레이닝으로 도입하고 있는 것은 이러한 이유에서다.

이제부터 말하는 3가지 형태의 호흡을 사용한 기본훈련은 악기를 이용한 워밍업의 전 단계에서 하는 것으로 성악가나 관악기주자가 연주중에 하는 호흡법 테크닉은 아니다. 그 대부분은 보다 정확한 스피드, 용량의 공기를 컨트롤하기 위한 호흡법, 이른바 복부 횡격막식 호흡을 사용하고 있다. 이 호흡법은 최소한의 노력으로 최대 용량을 얻을 수 있기 때문에 긴 패시지를 연주할 때에는 특히 유효하다.

요약하면, 호흡 컨트롤을 함으로써 아래와 같은 효과를 얻을 수 있다.
– 체내의 조직으로 보낼 수 있는 산소량이 증가한다.
– 흉곽에 유연성을 준다.
– 폐활량이 늘어난다.
– 신체 자세의 컨트롤을 돕는다.

1.1. 호흡 컨트롤

이 트레이닝의 목적은 신체 각 조직에 대한 산소 공급능력을 향상시키고, 음악가의 자기 신뢰도를 높이는 것에 있다.
– 이 트레이닝은 어떤 때라도 실시할 수 있다. 음악가의 신체면·정신면의 준비를 위해서 레슨을 시작하기 전에 하기를 권한다.
– 각자가 자신의 호흡 리듬을 알 필요가 있다. 각 트레이닝을 5회씩 반복한다.
– 트레이닝을 막 시작했을 때, 과도한 호흡 반복으로 유발되어서 과호흡 경향이 되어 가벼운 현기증을 느끼거나, 의식이 멀어지는 경우도 있다.

그렇기 때문에 처음 며칠간은 너무 깊은 호흡을 하지 말고 가볍게 하며, 단계적으로 깊이와 횟수를 늘려가는 것이 바람직하다.

훈련 개시 때의 자세는 복부의 팽창, 횡격막 호흡법을 쉽게 하기 위해서 바닥에 위를 향하여 눕고, 무릎을 세워서 한다. 또, 여러 가지 자세로 트레이닝을 하고 있는 동안에도 자세(머리·골반·척추의 위치)의 컨트롤을 잊지 말 것.

트레이닝은 먼저 누운 상태에서 하고, 이어서 앉은 상태와 선 상태, 또 사용하고 있는 악기에 따라 가능하다면 걷는 상태에서도 해본다. 그때, 다른 훈련과 마찬가지로 처음에는 악기 없이, 다음에 악기를 갖고 한다.

이것이 일단 익숙하게 되면 각 악기가 요구하는 특정한 연주자세에도 적응하기 쉽게 될 것이다.

(1) 복부 횡격막형

코로 공기를 마시고, 복부에 보낸다. 그렇게 하면 횡격막이 내장을 바깥쪽으로 밀어내기 때문에 복부가 풍선처럼 부푼다. 그리고 반쯤 연 상태의 입으로 천천히 숨을 내쉬는데, 이때 복부 무게의 도움도 빌려서 한다.

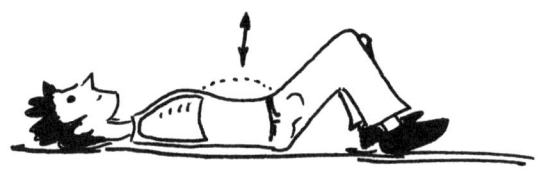

(2) 조골(助骨) 하부형

코로 숨을 마시고, 조골 하부로 보낸다. 공기가 들어가는 상태를 알기 쉽도록 하기 위해서 조골 하부의 양쪽에 손을 댄다. 그리고 (1)과 마찬가지로 능동적으로 천천히 숨을 내쉰다. 옆으로 향해서 하면 바닥과 접하지 않는 부분이 더 부풀게 되기 때문에 하기 쉽다.

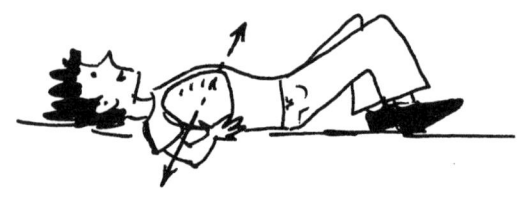

(3) 조골 상부형

코로 숨을 마시고 흉강 상부로 공기를 보내, 반쯤 열린 입에서 천천히 숨을 내쉰다. 조골 상부에 손을 대면 호흡 상태를 알기 쉽다.

(4) 종합형

이상 3가지 형태를 편성하여, 원을 그리듯이 천천히, 깊게, 끊어지지 않게 호흡한다. 즉, 먼저 코로 숨을 들이마셔, 복부에 보내고, 계속해서 그 공기가 조골의 제일 하부에 이동하여, 마지막으로 흉부의 제일 윗부분으로 향하는 순서로 호흡을 이동시켜 간다.

숨을 내쉴 때 입은 반쯤 열고, 능동적으로 할 것. 그렇게 함으로써 먼저 복부가 수축하고, 다음에 조골 하부, 끝으로 조골 상부의 순서로 내려간다.

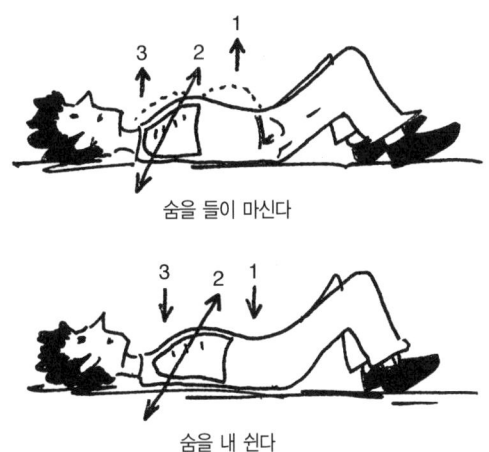

숨을 들이 마신다

숨을 내 쉰다

2. 음악훈련에서의 워밍업

매일 2시간 연습하는 바이올린주자나, 1주일에 1시간 일렉트릭 베이스를 연주하는

베이시스트나 모두 신체활동을 하고 있다. 따라서 최소한의 노력으로 최대한의 성과를 얻기 위해서는 신체의 베스트 컨디션이 중요하다.

어떤 악기에서나 연주한다는 행위는 정신적 활동과 동시에 신체적 활동도 의미한다. 신체의 힘에 정확하게 따르기 위해서는 음악활동을 시작하기 전에 몸을 따뜻하게 하고, 근육조직을 조절하여 그 후의 빠른 움직임이나 반복, 정확함을 필요로 하는 움직임에 준비할 필요가 있다.

또, 악기연주자뿐만 아니라 성악가나 오케스트라 지휘자에게도 워밍업은 음악활동에 요구되는 자세를 유지하는 근육에 조화를 주고, 좋은 결과를 가져온다.

워밍업에는 다양한 트레이닝이 존재하는데 그러한 것들은 항상 실제 연주시에 이루어지는 하나하나의 음악활동에 맞는 적절한 것이어야 한다.

즉, 때로는 몇 시간이나 선 상태에서 노래를 계속하는 성악가의 경우, 등뼈나 양다리 근육의 워밍업에 더욱 중점을 두고, 악기연주자의 경우에는 대개 기본적으로는 몸, 목, 양팔 등의 상태를 조절하는 것에 중점을 둔다.

심장호흡기 계통도 근골격조직도 신체운동의 증가에 순응하기 위해서 일정 기간을 필요로 한다. 운동량의 완만한 증진은 심장호흡기 계통의 심장이나 각 근육조직이 필요로 하는 산소공급량을 단계적으로 늘려가는 데 도움이 된다. 워밍업에 의해서 근육을 포함한 체온이 상승하면 근육이나 힘줄의 수축률(신장률)이 약간 증가하고, 유연성이 높아지며, 그 결과 운동기능의 효율에도 유리하게 작용한다. 또, 관절이 가볍게 움직이게 됨으로써 연골조직에서 활액(滑液)이 충분히 나와서 관절면의 윤활성이 증가하여, 한층 더 원활한 관절의 움직임을 볼 수 있고, 관절에도 좋은 영향을 주게 된다. 그렇기 때문에 워밍업은 운동기관 전체의 나쁜 상태를 경감하고, 근건(筋腱)손상과 같은 외상의 위험성을 예방해준다.

요약하면 미리 적절한 워밍업을 함으로써 아래와 같은 효과를 얻을 수 있다.

- 근육 내부의 온도가 올라간다.
- 혈액 순환이 좋아진다.
- 최대·최장 신장(伸長)에 대한 근건 조직을 준비한다.
- 음악활동에 불가결한 수축조직·결합조직의 저항력을 촉구한다.

- 근 골격조직을 음악동작의 빠른 움직임에 순응시킨다.
- 각각의 음악 레퍼토리의 요구에 따라, 여러 가지 범위 내에서 각 관절을 조정한다.

워밍업은 레슨 시작 전에 실시하고, 트레이닝 메뉴 안에는 각자의 음악활동에 관련되는 신체부분의 운동을 포함시키도록 한다. 즉, 바이올린주자는 양팔이나 목의 트레이닝을, 하프주자는 양다리의 트레이닝도 넣는다. 이제부터 소개하는 트레이닝은 간단히 기억할 수 있도록 심플한 기법을 사용하고 있으며, 리허설 룸이나 무대 뒤 등 어떤 장소에서도 구애치 않고 할 수 있다. 단, 같은 활동(리허설, 콘서트‥)을 하고 있어도 개인의 상황에 대한 경험이나 연주곡목의 난이도 등에 따라서 다른 긴장 정도를 볼 수 있는 점을 아는 것이 중요하다.

2.1. 워밍업
- 이 트레이닝의 목적은 음악활동 시에 개인의 신체면(관절·근육조직), 정신면에서의 준비를 함으로써 효율성을 향상시켜 손상 위험성을 적게 하면서 음악활동을 진행해 가는 것이다.
- 악기를 연주하기 전에 한다.
- 각 트레이닝을 8~10회 반복한다.
- 트레이닝은 천천히 하여, 통증이나 피로가 발생하지 않도록 한다.

계속해서 여러 가지 워밍업을 소개하겠다. 자신에게 필요하다고 생각되는 것을 자신이 받아들일 수 있는 시간에 따라 몇 가지 선택한다. 무엇보다도 중요한 것은 모든 종류를 서둘러 하지 않고, 선택한 것은 확실하게 하는 것이다.

이 트레이닝 프로그램을 시작하고 나서 처음 며칠간은 신체에 피로를 느끼는 경우가 있을지도 모른다. 그것은 당신의 신체 컨디션이 아직 충분하지 않다는 것의 증명이다. 그런 경우에는 기분 좋게 느낄 정도로 트레이닝 종류나 반복 횟수를 줄인 상태에서 시작하여 단계적으로 늘려가도록 한다. 만약 당신의 신체 상태가 좋지 않다면 근육조직이 베스트 컨디션이 될 때까지 최소한 2달 정도는 필요하다고 생각하자.

2.1.1. 상지(上肢)

손·손목

(5) 손가락을 끼고 손바닥이 떨어지지 않도록 하면서 손바닥끼리 문질러 손가락이 붙은 부분[1]의 관절을 따뜻하게 한다.

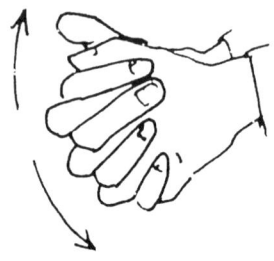

(6) 피부가 따뜻해질 때까지 몇 초 동안 양쪽 손바닥을 조금 세게 서로 문지른다.

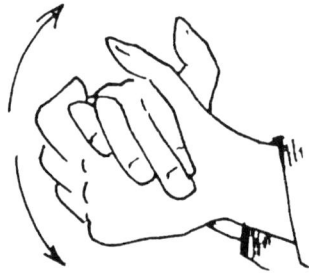

(6-1) 변형. 피부가 따뜻해질 때까지 손바닥을, 또 한쪽 손등을 몇 초 동안 문지른다. 반대 손도 반복한다.

⑺ 양팔을 바로 옆으로 펼친 상태에서 양쪽 손가락을 폈다 쥐었다 한다. 이 동작은 손가락과 팔 워밍업의 기본이라고 생각할 수 있다.

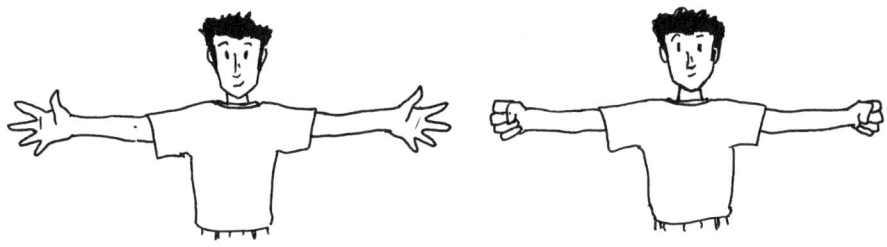

⑻ 이번에는 양팔을 바로 위로 펼친 상태에서 양쪽 손가락을 폈다 쥐었다 한다. 근육이 너무 피로하지 않도록 주의해서 한다.

⑼ 엄지 이외의 네 손가락을 완전히 붙인 상태에서 똑바로 펼치고, 손가락이 붙어 있는 부분을 구부렸다 폈다 한다. 이때 엄지손가락은 다른 손가락에서 가능한 벌어지도록 한다.

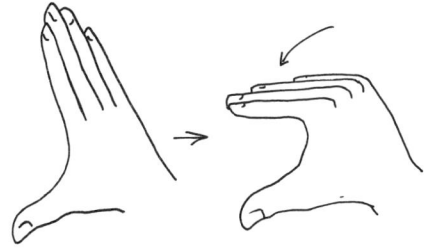

제4장 | 음악가를 위한 신체 컨디셔닝　83

(10) (9)와 마찬가지로 네 손가락을 완전히 붙이고, 손가락이 붙어 있는 부분을 구부린 상태에서 제2관절만을 구부렸다 폈다 한다. 엄지손가락은 다른 손가락에서 가능한 벌어지도록 한다.

(11) (9)와 마찬가지로 네 손가락을 완전히 붙이고, 처음에 제2관절을 구부리고, 다음에 손가락이 붙어 있는 부분, 마지막에 제1관절을 구부린다. 엄지손가락은 다른 손가락에서 가능한 벌어지도록 한다.

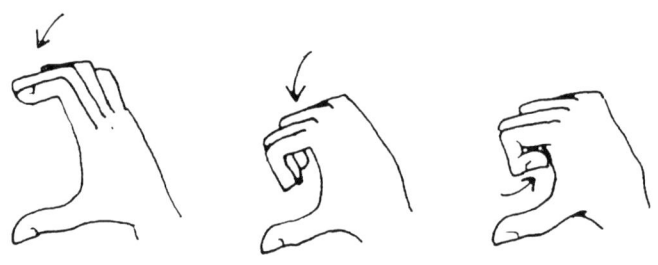

(12) (11)의 마지막, 즉 엄지손가락을 떼고 손을 접은 상태에서 먼저 제1・제2관절을 구부린 채, 손가락이 붙어 있는 부분만을 편다. 계속해서 제1・제2관절을 똑바로 펴고, 손가락이 붙어있는 부분을 구부린다.

(13) 가운데 손가락을 축으로 하여 다섯 손가락을 벌렸다 붙였다 한다(손가락의 외전·내전 운동).

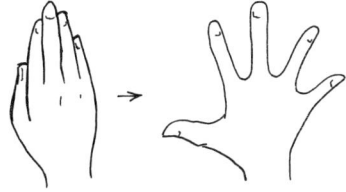

(14) 손바닥을 위로 향하고, 손가락은 붙이지도 벌리지도 말고 자연스럽게 편 상태로 한다. 먼저 엄지를 구부리고, 그 다음에 둘째손가락부터 차례로 부채를 접듯이 손가락을 구부리고, 동시에 손목을 회전시켜 손바닥을 아래로 향한다.

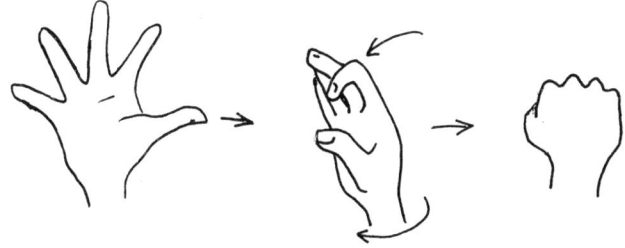

(14-1) 변형. (14)의 마지막 상태에서 반대로 손목을 원래대로 되돌리면서 새끼손가락부터 차례로 손가락을 펴고, 엄지손가락이 밖을 향한 곳에서 이번에는 새끼손가락부터 순서로 둘째손가락까지 구부린다(손바닥이 위를 향하고, 편 채로인 엄지손가락에 다른 손가락을 얹은 모양이 된다).

(15) 각 손가락의 끝을 다른 한쪽 손으로 잡고, 5회씩 시계방향·시계반대방향으로 돌린다. 양손 모두 실시한다.

*트레이닝(14), (15)는 손가락 관절의 완전한 준비에 상당히 실용적이다.

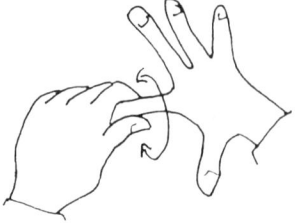

(16) 각 손가락의 말절골(末節骨 : 손가락 끝에서 제1관절까지 사이의 뼈)을 다른 한쪽 손으로 가볍게 잡아당긴다.

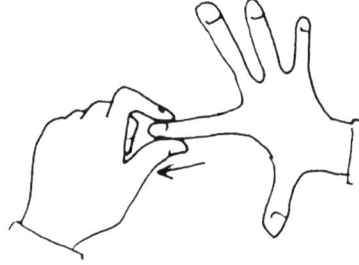

(17) 팔을 몸을 따라 내려간 상태로 자연스럽게 내리고, 8~10초 동안 손을 흔든다.

(18) 손목을 편안히 하고, 엄지손가락과 그 이외의 손가락 끝을 무엇을 잡을 때처럼 모은다. 차례로 둘째손가락부터 새끼손가락으로, 또 반대로 새끼손가락부터 둘째손가락으로 실시한다.

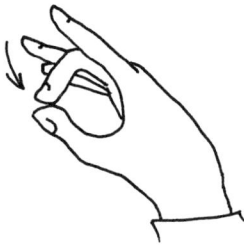

(19) (18)과 같은 포지션으로 손가락을 편 채, 손가락의 안쪽 부분끼리 8초 동안씩 서로 누른다.

(20) 엄지손가락의 끝을 새끼손가락 밑에 붙이고, 그대로 떨어지지 않도록 새끼손가락 끝까지 맞춰본다. 다른 손가락도 똑같이 한다.

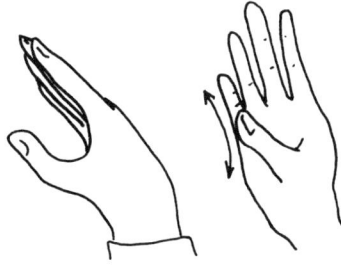

(21) 손바닥을 위로 향한 상태에서 엄지손가락을 시계방향·시계반대방향으로 각각 5회씩 돌린다.

*엄지손가락으로 악기를 받치는 클라리넷이나 오보에 등의 악기, 또는 하프주자에게 아주 효과적인 운동이다. 이러한 악기를 연주할 때 엄지손가락이 상당히 중요한 역할을 하고 있기 때문이다.

(22) 손목을 시계방향·시계반대방향으로 돌린다.

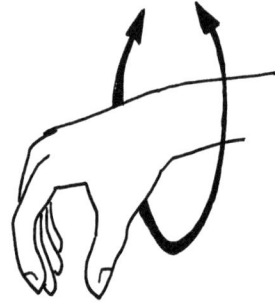

(22-1) 변형. 양손을 낀 상태에서 양쪽 손목을 시계방향·시계반대방향으로 돌린다.

(23) 겨드랑이를 조이고, 위팔을 몸에 붙여, 팔꿈치를 구부리고 앞 팔을 똑바로 앞쪽으로 내민다. 이때 손바닥은 위로 향하고, 손가락은 자연스럽게 편다. 그대로 팔은 움직이지 말고, 손만 반원을 그리듯이 안쪽(새끼손가락 방향), 바깥쪽(엄지손가락 방향)으로 움직인다.

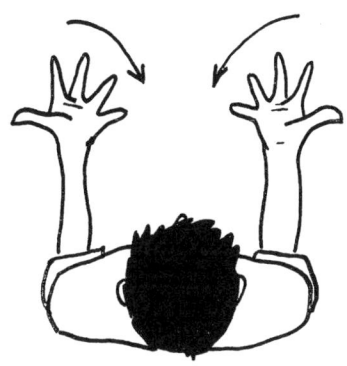

(24) (23)과 같은 자세로 이번에는 손바닥을 아래로 향하고, 손을 안쪽(엄지손가락 방향), 바깥쪽(새끼손가락 방향)으로 움직인다.

*(23)과 (24)는 모두 현악기 활의 움직임이나 드럼, 피아노 등의 연주에서 상당히 요구되는 손목의 기울기에 도움되는 것이다.

(25) 양팔을 앞쪽으로 펼친 상태에서 손목을 굽히고 편다. 손목을 아래로 구부릴 때는 손가락을 편 채로, 위로 되돌릴 때는 손가락을 구부린다.

팔꿈치

(26) 양팔을 몸을 따라 자연스럽게 내린 상태에서 팔꿈치를 구부리고, 손바닥이 자신 쪽을 향하도록 하여 앞 팔을 들어올린다. 계속해서 팔꿈치를 펴고, 앞 팔을 원래 위치로 되돌린다. 팔꿈치를 굽히고 펴는 운동과 손의 회내(回內)·회외(回外)운동의 구성.

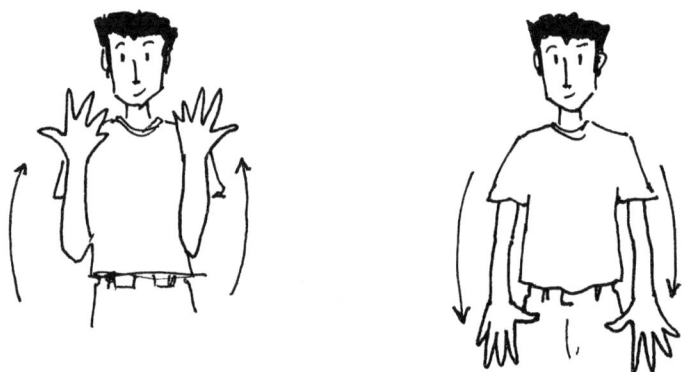

(27) 겨드랑이를 조이고, 윗팔을 몸에 붙이고, 팔꿈치를 구부려 앞팔을 똑바로 앞쪽으로 내민 상태에서 손바닥만을 위 아래로 번갈아 돌린다.

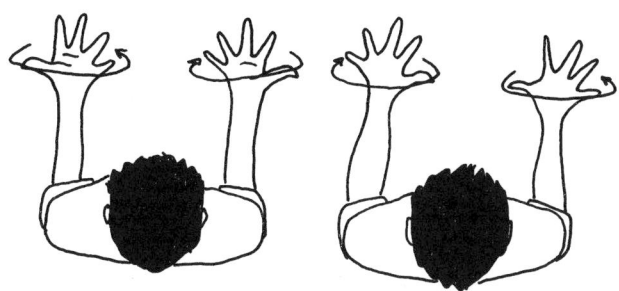

(28) 양팔을 바로 옆으로 펼치고, 한쪽 팔꿈치를 구부리고 있는 동안, 다른 한쪽은 편다. 2가지 동작을 동시에 하도록 한다.

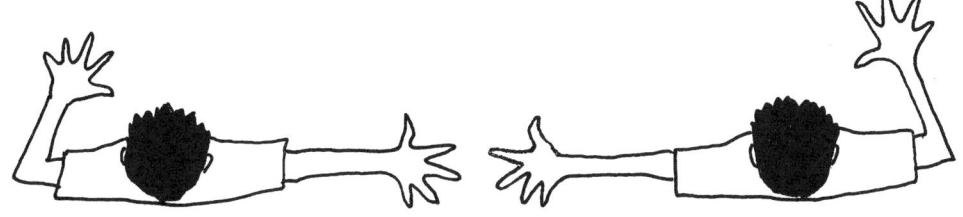

(29) 한쪽 팔을 똑바로 위로 펴고, 팔꿈치를 구부려 손바닥을 등에 대고, 다시 팔을 편다. 좌우 모두 한다.

*이 트레이닝은 대부분의 음악가에게 상당히 유효할 것으로 생각된다. 팔꿈치를 구부리고 연주할 때 상완삼두근(上腕三頭筋 : 팔꿈치를 펴는 위팔의 뒷면에 위치하는 근육)의 약함을 볼 수 있기 때문이다.

어깨

(30) 어깨의 올림과 내림. 양쪽을 동시에, 또 한쪽씩 번갈아 한다.

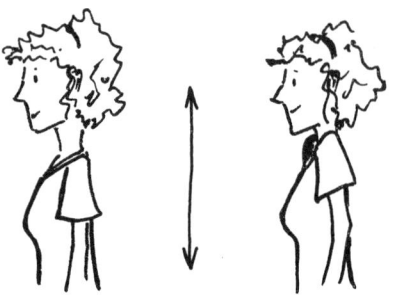

(31) 어깨의 앞으로 돌리기, 뒤로 돌리기. 양쪽을 동시에, 또 번갈아 한다.

(32) 견갑골(肩胛骨)을 합치거나 떼어놓는 느낌으로 양어깨를 앞과 뒤로 가져간다.

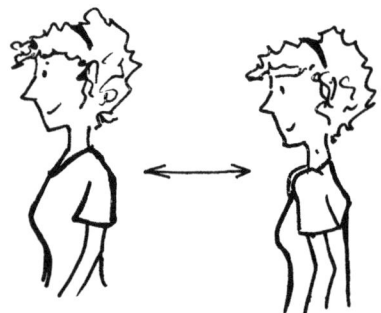

(33) 양팔을 각각 반대방향으로 펴고, 풍차처럼 빙글빙글 돌린다.

(34) 왼손을 목덜미에, 오른손은 등으로 가져간다. 좌우를 바꿔 반복한다.

(35) 몸을 따라 양팔을 자연스럽게 내리고, 팔꿈치를 편 상태에서 손을 안쪽·바깥쪽으로 돌린다.

2.1.2. 두부(頭部)·체간부(體幹部)

머리·경추(목등뼈)

이 부분의 트레이닝은 악기연주를 위해서 어느 정도 머리를 기울인 자세가 요구되는 바이올린이나 비올라, 플루트 등의 연주자나 가끔 머리 위치를 이동하는 하프나 첼로 연주자에게 특히 중요하다.

(36) 목을 똑바로 유지한 채, 고개를 끄덕이는 듯한 느낌으로 조용히 머리를 앞뒤로 움직인다. 그때, 어깨에 대하여 머리가 동일선상에 놓여있고, 움직임이 목등뼈의 가장 윗부분에서 이뤄지는 것이 중요하다.

(37) 조용히 머리를 옆으로 기울인다. 이때, 코가 동작의 축이 된다고 상상한다. (36)과 마찬가지로 어깨와 머리가 바르게 정렬된 상태에서 움직임이 목등뼈 상부에서 이루어지도록 한다.

*(36), (37)은 머리의 자세 컨트롤에 중요하고도 불가결한 트레이닝으로 모든 악기연주자·성악가가 음악활동에 들어가기 전에 머리 위치를 의식하기 위하여 유효하다.

(38) 머리를 흉골 쪽으로 살짝 구부리고, 원래 위치로 되돌아온다.

(39) 머리를 천천히 왼쪽, 오른쪽으로 기울이고, 원래 위치로 되돌아온다.

(40) 머리를 왼쪽, 오른쪽으로 회전시키고, 원래 위치로 되돌아온다.

(41) (38)~(40)을 편성한 동작. 머리는 똑바로, 시선은 앞으로 향한 상태에서 머리를 왼쪽으로 돌리고, 턱 끝을 흉골에 붙이듯이 해서 머리를 기울여, 오른쪽으로 이동시켜 가고, 원래 위치로 되돌아온다.

얼굴

관악기 연주자는 양팔의 근육을 움직이는 외에 숨구멍에 입술을 댐으로써 공기의 양을 조절하여 연주한다. 또 성악가도 곡 도중에 여러 번 목소리를 내는 방법을 바꾸기 때문에 얼굴 근육 체조는 음악가에게 기본이다. 이제부터 소개하는 트레이닝은 주로 입 근육의 되살림을 목적으로 한 것이다. 또한, 이마나 눈 등 긴장하기 쉬운 부위의 마사지를 더하는 것도 좋을 것이다.

(42) 상하 입술을 오므린다. (키스를 하는 것처럼)

(43) 입술을 떼고 과장되게 미소 짓는다.

(44) 기쁜 표정을 짓는다. (입은 모양으로)

(45) 슬픈 표정을 짓는다. (입은 모양으로)

(46) 입을 좌우로 번갈아 비튼다.

(47) 입술을 다부지게 다문다.

(47-1) 변형. 입술을 다부지게 다문 채, 공기를 내보낸다. (입으로 방귀 흉내를 내듯이)

(48) 양 입술을 입 안에 넣는다.

(49) 볼을 볼록하게 하고, 입 안의 공기를 상하좌우로 움직인다. (입을 가시듯이)

(50) 윗입술을 내민다.

(51) 아랫입술을 내민다.

(52) 입을 벌리고 다문다.

(53) 아랫턱을 천천히 왼쪽, 오른쪽으로 움직인다.
*이 트레이닝은 성악가·관악기 연주자뿐만 아니라 왼쪽 아래턱에 큰 압력을 가하는 바이올린이나 비올라 연주자에게도 매우 유익하다.
  주의 : 입을 열 때 역음(轢音:捻發音)이 계속되거나, 턱 관절에 고통이 느껴질 때는 트레이닝을 중지하고 전문의(치과나 성형외과)에게 상담할 것.

골반 · 흉추(가슴등뼈) · 요추(허리등뼈)
  항상 자리에 앉아서 연주하는 사람에게는 앉는 방법에 주의를 기울이는 것도 매우 중요한 것이다. 체간(體幹)에 자리 잡은 근육군의 워밍업은 적절한 자세의 유지뿐만 아니라 자세 이동도 쉽게 해준다.

(54) 의자에 깊게 앉지 말고, 발바닥을 바닥에 붙인 상태에서 골반을 앞쪽으로 움직이고(요추 부분은 아치형이 된다), 이어서 뒤쪽으로 움직인다(요추 부분은 둥글게 된다). 이 완만한 왕복동작에 따라 골반과 요추 부분을 의식할 수 있다.

(55) 의자에 깊게 앉지 말고, 발바닥을 바닥에 붙인 상태에서 등을 웅크리고, 머리를 흉골방향(흉추·경추부로)으로 내려, 천천히 원래 자세로 되돌아간다.

(56) 의자에 깊게 앉지 말고, 발바닥을 바닥에 붙인 상태에서 오른쪽 엉덩이를 들어서 상반신을 가볍게 왼쪽으로 기울인다. 같은 동작을 반대쪽으로도 한다.

(57) 의자에 앉은 상태에서 가슴 앞으로 양팔을 교차시켜 놓고, 몸을 오른쪽, 왼쪽으로 번갈아 돌린다.

2.1.3. 하지(下肢)

이제부터 소개하는 트레이닝은 건반악기나 하프, 퍼커션 등 페달을 사용하는 악기연주자에게 가장 적당한 것이다. 마찬가지로 긴 시간 동안 선 자세로 있는 악기연주자나 성악가에게도 유효할 것으로 생각된다.

발목

(58) 의자에 앉아 한쪽 발을 어중간하게 매달린 상태로 하고, 발끝을 올렸다 내렸다 한다. 반대 발도 한다.

(59) (58)과 같은 상태에서 이번에는 발끝을 양방향으로 회전시킨다. 반대 발도 한다.

(60) 벽에 손을 대고 받쳐주면서, 발끝을 세우고 발뒤꿈치를 올렸다 내렸다 하며, 체중을 발끝, 발뒤꿈치에 번갈아 옮긴다.

무릎

(61) 양발을 단단히 바닥에 붙이고 앉은 자세에서 한쪽 무릎을 편다. 반대 다리도 한다.

(62) 의자 등받이를 한쪽 손으로 잡고, 선 상태에서 천천히 무릎을 구부려, 몇 초 동안 쭉 그린 자세를 유지하고, 원래의 선 자세로 되돌아간다.

후미부(殿部)

(63) 의자에 앉아 양발을 단단히 바닥에 붙인 상태에서 양 무릎을 붙이거나 벌린다.

(64) 의자에 앉아 양발을 단단히 바닥에 붙인 상태에서 좌우 무릎을 번갈아 가슴높이까지 올린다.

3. 음악훈련에서의 스트레칭

아리아를 부르거나 쇼팽의 소나타를 연주할 때는 많은 근육활동이 이루어진다. 작은 공간에서만 움직이고, 피아노 앞에서 스툴에 앉은 상태임에도 불구하고, 연주에 요구되는 근육의 움직임은 상당히 높을 레벨이다.

한 예를 들면 쇼팽의 에튀드 a단조 Op.25-11에서는 1분 동안에 830음을 연주하는데, 이것은 불과 1분 동안에 1660이나 되는 손가락의 움직임을 필요로 하는 것을 의미한다. 악보에 충실한 연주를 하기 위해서 각 손가락의 관절이 쉬지 않고 계속 움직이고 있는 동안, 근섬유는 빠른 속도로 수축·이완을 하고 있다. 그리고 이러한 육체적 위업을 이룬 후는 반복된 근 수축에 따라 근 피로가 축적되는 만큼 각 근섬유는 단단하게 단축되고, 그 결과 근 수축력도 감소한다[2].

피로한 근육조직을 원래 길이로 회복하기 위해서 스포츠선수가 트레이닝이나 시합 후, 체계적으로 스트레칭을 하고 있는데, 왜 음악가는 그것을 하지 않는 것일까?

대답은 아주 간단하다. 대다수의 음악가가 스트레칭의 필요성과, 그것이 연주기술의 향상에 유효하다는 것을 이해하고 있지 못하기 때문이다[3].

스트레치, 스트레칭이라는 말에는 편다·잡아당긴다라는 의미가 있다. 여러 가지 능동적·수동적 방법을 이용해서 근육과 그 양끝에 연속되어 있는 힘줄(결합조직)을 편다. 즉, 근육이나 힘줄의 유연성, 탄력성을 이용해서 근육의 시작점과 근육의 부착점(정지 부분) 사이를 그 시점에서 견딜 수 있는 한계 가까이까지 유연하게 펴려고 하는 시도다.

과도하거나 급격한 스트레칭을 하면 그것에 대해서 신장(伸張)반사작용이라고 하는, 근육이 반사적으로 수축을 일으켜서 몸을 지키려고 하는 현상이 일어나는 경우가 있다. 약간의 탄력을 주며 스트레칭을 하는 광경을 자주 보는데, 이 방식은 바르지 않을 뿐 아니라 위험한 것이 될 수 있는 가능성도 있다. 왜냐하면 쉽게 신장반사를 일으키며, 단시간의 스트레치로는 바람직한 성과를 얻기 힘들다. 따라서 스트레칭은 항상 완만하게, 일정시간동안 편 자세를 유지하도록 하고, 통증을 수반하지 않도록 해야 한다.

근육조직의 스트레칭을 함으로써 아래와 같은 효과를 기대할 수 있다.

- 근육의 굳기와 결림을 방지한다.
- 혈액·림프액의 순환기능이 높아진다.
- 다른 근육군 사이에서 다시 적절한 긴장 밸런스를 취한다.
- 격렬한 운동에 의해 부분적으로 파괴된 각 근섬유조직의 자연스런 회복을 촉구하고, 그 결과 근육이 단축되는 경향을 시정한다.
- 신체적·정신적 휴식을 얻을 수 있다.
- 근 수축능력이 향상된다.

스트레칭은 휴식시간(레슨하는 도중의 휴식) 중이나 특히 악기연주를 마친 직후에 하는 것이 좋다. 피로로 잃어버린 근섬유의 탄력성을 회복하고, 다음날도 베스트 컨디션으로 임할 수 있도록 연주회 종료 후에 실시하는 것도 매우 중요하다.

이제부터 소개하는 것 중에서 필수 스트레칭은 많은 악기연주자에게 가장 필요하게 되는 근육인 손가락 굴근(屈筋)·신근(伸筋)의 트레이닝이다. 또, 각각의 실정에 따라, 서는 자세가 많은 성악가는 특히 목·등·다리의 스트레칭을 중점적으로 하도록 되어 있고, 트럼펫주자는 앞 팔이나 손가락의 근육에다 얼굴 근육의 스트레칭에도 시간을 보내도록 되어 있다.

3.1. 스트레칭

- 이 트레이닝의 목적은 음악활동으로 잃어버린 근육의 탄력성·신축도나 단축 경향을 회복시키는 것이다. 따라서 연습 사이의 휴식시간이나 악기연주 후에 한다.
- 각 스트레치는 10~15초 편 상태를 유지하고, 2회 반복한다.

트레이닝은 완만하게 일정시간 편 자세를 유지하도록 하고, 통증을 일으켜서는 안 된다.

3.1.1. 상지(上肢)

스트레칭을 하면 대부분의 경우 근육 사이에 존재하는 결합조직·근육의 연쇄에 의해서 하나의 근육뿐만 아니라 여러 부분에 작용을 미친다. 또한, 근육의 시작·정지부분(부착점)을 움직이는 것은 그 양쪽에 이어진 2개 이상의 관절도 동시에 운동시키게 된다. 그러한 이유에서 스트레칭에서의 신체 부위의 분류는 워밍업과는 달리 신장을 볼 수 있는 부분마다 구성되어 있다.

손

(65) 양손을 가슴 높이까지 가져가고, 손가락과 손가락 사이는 뗀 상태에서 양쪽 손가락 끝을 맞춘다. 손가락 끝·손가락 안쪽·손가락의 순서로 맞춰 가면 손바닥과 손가락(손바닥 쪽 부분)의 신장을 느낄 수 있다.

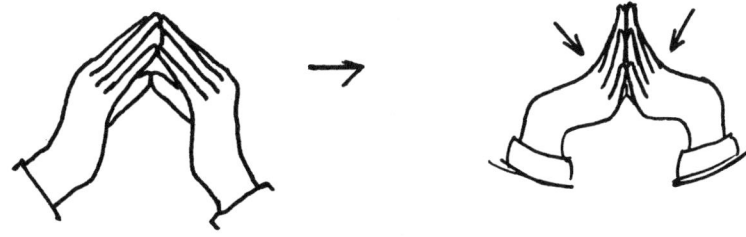

(66) 손바닥을 위로 향하고, 다른 한쪽 손으로 손가락을 하나씩 천천히 눌러 내린다. 각 손가락의 신장을 느낀다.

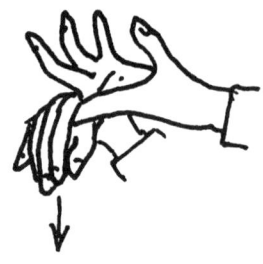

(67) 손가락을 끼고, 손바닥을 밖으로 향하면서 가슴을 앞으로 편다. 손바닥과 손가락(손바닥 쪽 부분)의 신장을 느낀다.

(68) 손바닥을 거꾸로 맞춘, 즉 왼쪽 손목은 오른손의 손가락 끝과, 오른쪽 손목은 왼손의 손가락 끝과 접한 상태에서 서로 민다. 손목과 손가락의 신장을 느낀다.

(69) 다른 쪽 손의 힘을 빌려, 손목을 살짝 구부리면서 손가락을 접는다. 손등과 손가락(손등 쪽 부분)의 신장을 느낀다.

(70) 손바닥을 맞추고, 손가락을 단단히 낀다. 그 상태에서 손목을 돌려서 손바닥을 위로 향하고, 양 팔꿈치를 가까이 댄다. 손바닥과 손가락의 신장을 느낀다.

(71) 손목을 구부리고, 손가락이 붙어있는 부분은 편 채, 제1·제2관절을 구부린다. 이 포지션에서 적극적으로 손가락과 손가락 사이를 벌린다. 이 트레이닝은 손가락 고유의 근육조직(내재근)의 신장을 촉구한다.

앞팔·손

(72) 양팔을 몸 앞으로 내민다. 오른쪽 팔꿈치를 완전히 편 채, 앞쪽으로 향한 오른손 바닥에 왼손을 붙여서, 뒤쪽으로 손가락을 눌러 오른손목을 편다. 이때 엄지손가락은 벌어진 상태로 한다. 앞 팔의 굽은 쪽, 손목과 손가락의 손바닥 쪽(굴근군)의 신장을 느 낀다. 좌우 팔을 바꿔서도 한다.

(73) 앞 팔을 몸 앞으로 내민다. 오른쪽 손가락을 쥔 채로 오른쪽 팔꿈치를 완전히 펴 고, 왼손의 힘을 빌려서 손목을 아래로 향하여 구부린다. 앞 팔의 펴진 쪽, 손목과 손등 쪽(신근군)의 신장을 느낀다. 왼손도 한다.

위팔(上腕)

(74) 양팔을 머리 뒤로 구부리고, 오른손으로 왼쪽 팔꿈치를 아래로 잡아당긴다. 이 때 팔이 등으로 돌아가기 쉽게 하기 위해서 머리를 약간 앞으로 놓으면 좋다. 상완삼두근의 스트레칭. 다른 한쪽 팔도 한다.

*이 스트레칭은 특히 활 끝을 사용해서 현악기를 연주하는 동작에 아주 좋은 효과가 있다.

위팔·앞 팔·손

(75) 의자에 앉아 양손을 의자 위로, 손가락 끝이 몸 쪽으로 향하도록 해둔다. 팔꿈치를 편 채 양손바닥을 떼지 않고 몸을 뒤쪽으로 당긴다. 앞 팔의 굽은 쪽, 손가락의 손바닥 쪽(굴근군)의 스트레칭. 면이 넓은 피아노 의자를 사용하면 하기 쉽다. 보통의자를 이용하는 경우에는 양손을 엉덩이 밑에 깔고 하면 좋다.

(76) 손가락을 끼고, 손바닥을 앞쪽으로 돌려 팔꿈치를 편 상태에서 양팔을 조금씩 머리 위로 가져간다. 양손 손가락의 손바닥 부분, 앞 팔의 굽은 쪽, 위팔의 신장을 느낀다.

(77) 앞팔 굴근의 스트레칭을 더 하고 싶은 사람에게.
엎드려서 몸을 양팔, 양 무릎으로 지탱한다. 이때 양손의 손가락은 무릎 쪽을 향해서 손바닥을 바닥으로부터 떼지 말고, 천천히 발뒤꿈치 위에 앉는 것 같은 동작(실제로는 거기까지 이르지 않지만)을 한다.

어깨

(78) 왼팔을 올리고, 머리 위에서 팔꿈치를 구부려 내리며, 오른팔은 허리 높이까지 팔꿈치를 구부리고, 등에서 양손의 손가락을 건다. 만약 양손을 잡을 수 없으면 타월을 사용하면 각각의 어깨 관절을 둘러싼 안쪽·바깥쪽의 근육군을 더욱 팽팽하게 할 수 있다. 좌우 팔을 바꿔서 같은 동작을 한다.

위팔·어깨

(79) 양팔을 앞으로 펴고, 오른팔이 왼팔 위에 가도록 교차시켜서 손바닥을 맞춘다. 그대로 양팔을 똑바로 수직방향으로 올려 머리 위로, 또 천천히 머리 뒤로 가져간다. 어깨·팔 앞부분의 근육 스트레칭. 좌우 팔을 바꿔서 한다.

(80) 오른쪽 팔꿈치를 내밀고, 왼손으로 눌러 뒤쪽으로 밀어젖힘으로써 팔·어깨 뒤부분의 근육을 편다. 좌우 바꿔서 반대쪽도 한다.

(81) 바닥에 무릎을 꿇고, 양팔을 몸 앞으로 펴서 바닥에 붙이고, 얼굴은 바닥을 본다. 그리고 나서 양발 위에 앉듯이 체중을 이동하고, 양팔을 앞으로 편다. 주로 팔·어깨 근육의 신장을 느낀다.

(82) 정좌하고, 언제나 엉덩이가 발뒤꿈치에 닿은 상태에서 양팔과 몸을 앞쪽으로, 몸이 바닥에 닿을 때까지 편다. 되도록 앞으로 펴도록 노력한다. 머리는 등뼈 선상에 있을 것.

(83) 양쪽의 대흉근(大胸筋)을 펴기 위해서 양팔을 어깨 높이까지 펴고 문틀을 잡고는 몸을 앞으로 기울인다. 한쪽 팔씩 해도 좋다.

*악기 연주를 할 때는 항상 양팔이 가슴 앞에 있는 자세로 대흉근이 움직이기 때문에 이 트레이닝은 대부분의 악기연주자에게 있어서 기본이다.

(84) 몸 뒤에서 팔꿈치를 편 채로 양팔을 교차시켜 손바닥을 맞추고, 대흉근과 전완부 근육군의 신장을 느끼면서 뒤쪽으로 천천히 잡아당긴다. 좌우 팔을 바꿔서도 한다.

어깨 · 위팔 · 앞팔 · 손(상지 전체의 스트레칭)

(85) 어깨 높이로 한쪽 팔을 펴고, 손가락을 편 상태로 벽에 붙이고는 기댄다. 그리고 나서 편 손과 반대쪽으로 몸을 회전시켜, 양발을 벽과 평행으로 정렬시킨 상태로 선다. 어깨 관절부터 상지 전체를 천천히 스트레칭한다. 편 팔과 반대쪽 발을 한걸음 옮기면, 동시에 골반 · 흉부도 뒤로 내려가게 되므로 내선근군(內旋筋群)의 스트레칭도 되는데,

이때 손은 벽에서 떨어지지 않도록 한다. 더 강하게 밀게 되면 머리도 편 팔과 반대 쪽으로 돈다. 흉부의 근육군과 위팔·앞 팔·손가락의 굴근 스트레칭. 반대 팔도 한다.

3.1.2. 두부 · 체간부(體幹部)

얼굴

(86) 몇 초 동안 입을 벌린 채로 있는다. 반복할 때, 이번에는 혀를 내민다.
*이 스트레칭은 관악기주자 · 성악가에게 권한다.

(87) 얼굴 근육, 특히 아래턱이나 턱 끝에서 긴장을 보게 되면 그 부분의 긴장을 풀기 위해서 손바닥으로 마사지를 한다.

목등뼈(경추)

(88) 몸 뒤쪽에서 왼손으로 오른쪽 손목을 잡고, 천천히 아래로 당긴다. 그 동안 머리는 왼쪽으로 기울인다. 그렇게 함으로써 머리의 근육, 특히 견갑골의 비스듬한 위부분의 승모근(僧帽筋)을 편다. 좌우 바꿔서도 한다.

(89) 선 상태, 또는 앉은 상태에서 머리를 흉골 쪽으로 향함(굴곡함)으로써 목덜미 주변에 있는 근육을 편다.

(90) 선 자세, 또는 앉은 자세에서 머리를 오른쪽으로 기울인다. 이때 오른손은 머리 위에서 왼쪽 귀로 가져가고, 조금 더 머리를 기울이기 위해서 살짝 보조한다. 반대쪽에서도 한다.

(91) 서거나 앉은 자세에서 오른손을 턱에 대고 가볍게 보조한 형태로 머리를 오른쪽으로 돌린다. 왼쪽도 마찬가지로 한다.

(92) 허리, 무릎, 다리가 골반 상으로 늘어선 자연체 자세로 선다. 그 상태에서 왼팔은 손목을 펴서 허리 근처에 늘어뜨리고, 오른팔은 손목을 구부리고 귀에 닿듯이 하며 올린다. 그리고 동시에 각각의 팔을 반대방향으로 편다. 반대 포지션에서도 반복한다.

(93) 허리, 무릎, 발이 골반 상으로 늘어선 자연체 자세로 선다. 이 자세에서 양팔을 몸 앞으로 내밀고, 양손이 골반 높이에 오듯이 한다. 손목을 구부리고, 손등을 앞쪽으로 내밀면서 천천히 손가락을 펴므로써 자연스럽게 앞 팔은 회내(回內)하고, 어깨는 내선(內旋)한다. 양 손목을 바닥 방향으로 잡아당기면서 머리 부분은 반대 방향으로 약간 턱을 흉골 쪽으로 향한 상태에서 잡아당기는 느낌으로 하고, 등이나 그 위의 목등뼈·가슴 등뼈 부분을 천천히 편다.

가슴등뼈(흉추)

(94) (93)의 트레이닝 같은 자세로 시작하는데 이번에는 양팔의 위치를 더 높게 어깨 높이로 한다. 손목을 구부리고, 손등을 앞쪽으로 내밀면서 천천히 손가락을 펴므로써 자연스럽게 앞 팔은 회내한다. 팔을 앞으로 잡아당겨 흉골을 안으로 넣는 느낌으로 함으로써 견갑골 사이가 펴진다.

(95) 양발을 골반보다 약간 벌리고, 평행하게 선다. 양 무릎은 흉부 이하를 안정시키기 위해서 약간 구부린다. 양팔을 머리 위로 펴서 올리고, 한쪽 손가락 사이에 다른 한쪽 손가락을 넣는다. 먼저 양손을 위로 당기고, 다음에 동체 상부를 팽팽히 편 채로 기울인다. 반대방향으로도 마찬가지로 기울인다.

허리등뼈(요추)

(96) (94)와 같은 자세로 시작하는데 이번에는 팔을 머리 높이까지 올려(경사상의 위치), 손목을 구부리고, 손가락은 자연스럽게 편 상태에서 잡아당긴다. 동시에 허리등뼈 부분을 뒤로 당기는 기분으로 함으로써(배가 안쪽으로 들어가서) 골반을 뒤로 기울게 한다.

(97) 위를 향해 누워, 후두부가 만곡하지 않도록 머리를 지탱하고, 무릎을 세워 양발을 바닥에 붙인다. 먼저 한쪽 다리를 충분히 가슴으로 끌어당기고 나서 원래로 되돌아가고, 다음에 다른 한쪽 다리에서도 같은 동작을 한다. 최종적으로 양다리를 동시에 하고, 등 하부(허리등뼈 부분)의 신장을 느끼게 될 때까지 실시한다.

(98) 위를 향해 누워, 양 무릎을 90°로 구부려서 의자에 얹고는, 눈을 감고 천천히 심호흡을 한다. 몸이 어떻게 바닥에 닿고 있는지(허리등뼈 부분)에 신경을 집중한다. 이 트레이닝에는 필요한 만큼 시간을 들여서 기분이 안정된 상태에서 하도록 한다.

등뼈(등 근육 전체의 스트레칭)

(99) 엎드린 등 전체의 스트레칭.

양손을 어깨 위치에서 바닥에 대고, 허리등뼈 부분을 위로 당기면, 견갑골 사이 부분의 스트레칭이 된다. 또, 이때 체중을 손 쪽에 가하여 위로 당기면, 목등뼈에 보다 가까운 부분의 스트레칭이 되고, 반대로 체중을 골반 쪽으로 가하여 등을 위로 당기면, 허리등뼈에 보다 가까운 부분이 펴진다. 등 전체의 등뼈 부분(등뼈 양쪽)의 근육에 상당히 효과적이다.

가슴등뼈 부분 목등뼈 부분 허리등뼈 부분

(100) 발바닥 전체를 바닥에 붙여 앉은 자세에서 몸을 앞으로 쓰러뜨려 머리를 양다리 사이로 내려뜨린다. 이렇게 함으로써 등 전체의 스트레칭을 할 수 있다. 레슨 휴식시간에 하는 경우에 매우 실용적이다.

(101) 침대에서 막 일어날 때처럼 몸을 펴고, 최대한으로 관절을 움직인다. 선 상태에서도 바닥에 누운 상태에서도 가능하다.

(102) 마리오네트가 되어 위에서부터 실로 매달려있는 것 같은 기분으로 양팔을 머리 위로 펴고 걷는다. 휴식시간에 근육의 긴장을 풀고, 릴랙스시키는데 아주 유효한 스트레칭이다.

3.1.3. 하지(下肢)

대퇴(大腿)

(103) 바닥에 누워 오른쪽 다리를 구부려서 가슴에 붙인다. 오른쪽 대퇴부 후면의 신장을 느낀다. 머리는 후두부로 받치고, 턱은 흉골 쪽을 향하여, 거의 정중선상(正中線上)에 위치하도록 한다. 목등뼈 부분의 과도한 구부림을 피한다. 반대 다리도 한다.

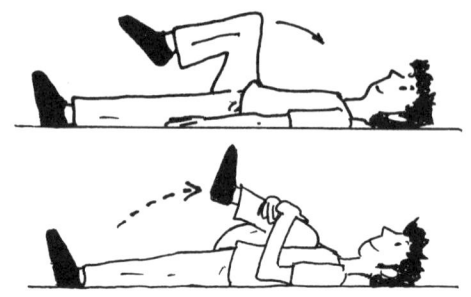

(104) 오른손을 벽이나 테이블에 닿을 수 있는 위치에 서서 왼쪽 무릎을 가볍게 구부리고, 오른쪽 다리 한쪽으로만 선다. 왼손은 왼쪽 발목을 잡고, 발뒤꿈치가 엉덩이에 닿지 않을 정도로 한다. 허리등뼈에 부담을 주지 않도록 오른쪽 다리를 수직 상태로 한 다음에 왼쪽 무릎을 구부린다. 무릎 관절의 구부린 각도가 커질수록 대퇴 사두근(四頭筋)의 시작·정지 부분의 거리가 늘어져서 충분한 스트레치가 이루어진다. 스트레치를 하고 있는 동안 골반은 뒤로 기울어진 상태가 된다. 다른 한쪽 다리도 한다.

(105) 오른쪽 발뒤꿈치를 족대(足臺)나 계단의 발판에 걸치고 무릎을 편다. 반대 지지발이 되는 왼쪽 하지를 펴고, 골반을 포함한 몸통은 앞으로 굽힌 상태가 된다. 오른발의 발가락을 위로 향하고, 허리를 천천히 앞으로 구부린다. 이때 발가락이 바깥쪽을 향하고 있으면 내선근군(內旋筋群)을, 안쪽을 향하고 있으면 외선근군을 스트레치하게 된다[4]. 반대쪽 발도 반복한다.

(106) 바닥에 위를 향하여 누우면서 오른쪽 하지는 펴고, 왼쪽 하지는 구부려, 오른손으로 왼쪽 무릎 끝을 잡는다. 왼쪽 상지는 자세를 안정시키기 위해서 몸에서 사이를 둬 옆으로 펴고 가볍게 바닥을 누른다. 왼쪽 골반이 바닥에서 뜨지 않도록 주의하면서 오른손으로 왼쪽 무릎을 안쪽으로 당기고, 대퇴측면 근육의 스트레치를 시도한다. 반대쪽도 마찬가지로 한다.

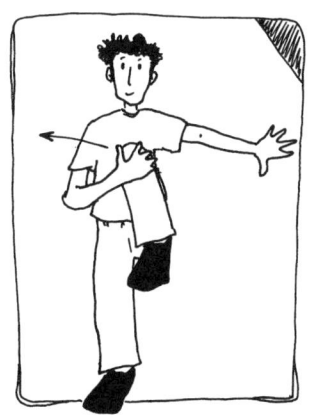

다리

(107) 벽을 향하고 서서 오른발 앞으로 왼발을 동일선상이 되도록 한다. 양쪽 앞 팔을 벽에 붙여 몸을 지탱하고, 오른쪽 무릎을 펴고는 발뒤꿈치는 바닥에 단단히 붙인다. 오

른쪽 발뒤꿈치를 떼지 않고 상반신을 앞쪽으로 넘어뜨리면 자연스럽게 왼쪽 무릎관절의 굴곡이 더해지고, 동시에 오른쪽 장딴지에 있는 양쪽 비복근(안쪽·바깥쪽)도 펴진다. 평평근(장딴지에 있는 다른 근육)을 펴고 싶다면 오른쪽 무릎관절을 약간 구부리면 좋다. 반대쪽 다리도 한다.

(108) 간단히 손쉽게 비복근의 스트레칭을 하는 방법은 계단 등에서 턱이 낮은 발판에 서는 것이다. 발 끝 부분만으로 몸을 지탱함으로써 발뒤꿈치에 과해지는 체중을 경감할 수 있다.

(109) 의자에 앉아서 오른쪽 다리를 왼쪽 무릎 끝의 위에 얹는다. 왼손으로 오른쪽 발목을 잡고, 천천히 당김으로써 대퇴 앞면의 근육(대퇴사두근)이 신장된다. 반대쪽 다리도 한다.

*이 스트레칭은 피아노, 하프, 오르간, 드럼 등 페달을 사용하는 연주가들에게 매우 유효하다.

(110) 장시간 앉아만 있는 활동으로 혹사된 근육을 펴기 위해서는 우선 등받이가 없는 의자에 앉아 오른쪽 다리는 구부려서 바닥에 발바닥을 붙이고, 왼쪽 다리는 뒤로 천천히 편다. 오른쪽 무릎 끝의 상부에 양손을 붙이고 나서 몸통을 가볍게 앞쪽으로 당기듯이 하고, 등 전체를 천천히 편다. 스트레칭하는 동안 상반신은 일으킨 상태를 유지(그림의 화살표시 방향으로 편다)하도록 한다. 반대쪽도 한다.

(111) 왼발을 바닥에 붙이고, 오른쪽 다리를 벤치 위에 편 상태로 앉는다. 상반신을 앞쪽으로, 즉 오른쪽 다리 쪽으로 넘어뜨린다. 하지 후면, 즉 좌골(坐骨)·대퇴골·경골(脛骨)의 근육군(주로 햄스트링스)을 전반적으로 편다. 반대쪽도 한다.

발

(112) 오른쪽 다리를 왼쪽 다리에 얹고 앉는다. 왼쪽 손가락과 오른쪽 발가락을 끼고, 발가락을 양방향으로 돌린다. 반대발도 한다.

(113) 의자에 앉아서 오른발을 들고, 왼손으로 오른쪽 발뒤꿈치를 고정하여, 오른손으로 발가락을 잡아당긴다. 발 뒤쪽의 신장을 느낀다. 발바닥 근육군의 스트레칭. 반대 발도 한다.

*이상 2가지 발의 스트레칭은 신발을 신은 상태를 답답하게 느끼는 콘서트 후 등에 할 것을 권한다. 장시간 서 있는 솔리스트나 코러스, 지휘자에게도 유효하다.

4. 음악훈련에서의 조정력

어떤 악기를 연주하든지 양팔이 각각 다른 동작을 할 때, 거기에는 놀랄 만한 복잡함이 존재하고 있다. 그 중에는 하프나 드럼, 오르간주자 등의 경우처럼 양다리의 움직임까지 더해지는 경우도 있다. 이와 같이 다른 신체 부분을 조화시켜서 공통된 동작을 구성하는 능력을 조정력이라고 한다.

원래 악기연주자는 연습중에 이 능력을 기른다. 연주에 관련되는 여러 근육을 움직이고, 갑자기 근육을 수축·이완시키거나, 스피드를 내거나, 최소한의 힘으로 최대한의 정확함을 얻기 위해서 필요한 능력을 기르고 있기 때문이다. 이러한 근육의 움직임이 다른 신체 부분의 움직임과 동시에 이루어짐으로써 하나의 동작을 행할 수 있다.

오케스트라 지휘자라고도 할 수 있는 사람의 뇌는 감지한 자극이나 감각을 받아들여, 분석·해석하는 역할을 담당하는 부분과 여러 가지 동작을 하기 위한 명령을 내리는 부분을 갖추고 있다. 그 외에 무의식·뜻대로 안되는 기능을 담당하고 있는 부분도 있다.

많은 스포츠활동에서 대부분은 스포츠활동 그 자체의 동작훈련을 보충하는 형태로 그 동작을 사용하지 않고 기능을 펼치는 트레이닝도 병행하고 있다. 마찬가지로 음악가에게 있어서도 음악활동 훈련을 보충하기 위해서 악기 없이 트레이닝을 병행하는 것은 매우 중요하다.

훈련해야 하는 신체능력에는 여러 종류가 있고, 항상 악기나 악기를 수반하는 동작을 요한다고는 할 수 없다. 악기연주를 위해서 요구되는 조정력은 몇 년에 걸치는 훈련을 통하여 차차 얻을 수 있지만, 예를 들면 각 손가락의 독립성을 향상시키고 싶은 경우, 연습시간만 훈련하는 것과 시간 외에도 하는 것에는 훈련의 양도 신체의 익숙해짐도 달라지고, 악기를 든 긴장상태에서 하는 것과 릴랙스할 때 하는 것은 큰 차이가 있다. 그렇기 때문에 악기를 이용한 기술적 훈련과 악기 없이하는 조정력 트레이닝 양쪽을 편성해서 할 필요가 있다.

이제부터 소개하는 조정력 트레이닝은 학습자 개개인의 신체조건을 고려한 다음에 무리한 자세를 강요하지 않고, 양손의 민첩성과 스피드를 기르는 것을 도와준다. 일단 조정능력을 몸에 익히게 되면 악기연주에 요구되는 자세로 적용하는 것도 보다 쉬워진다. 또한, 상지·하지도 포함하여 보다 종합적인 형태에서의 조정력 트레이닝도 한다. 각 악기에 적합한 손가락의 조정력뿐만 아니라, 더 전체적인 훈련에 대하여 자세히 설명할 필요가 있다고 의학 관계자들은 생각해왔기 때문이다.

요약하면 전반에서 소개하는 손가락의 요령에 관계되는 조정력 트레이닝의 실시로 아래와 같은 효용을 얻을 수 있다.

- 손가락의 독립성이 향상된다.
- 손가락을 움직이는 스피드가 늘어난다.
- 손가락의 근력이 증가한다.
- 악기연주자에게 신체에 적합한 자세를 의식하게 한다.

일련의 조정력 트레이닝은 악기연주자에게 필요불가결한 손가락의 힘, 능숙함, 독립성, 민첩성의 발전을 가능하게 한다. 훈련의 주목적인 손가락의 독립성은 통상 악기를 사용하여 기를 수 있는데, 조정력 트레이닝은 좋은 보충이 될 것이다.

후반에서 소개하는 상지·하지를 포함한 종합적인 조정력 트레이닝의 효용은 아래와 같다.

- 두 팔과 두 다리의 독립성이 향상된다.
- 근력이 증가한다.
- 신체의 밸런스, 컨트롤 능력을 기를 수 있다.

4.1. 조정력 트레이닝

- 이 트레이닝의 목적은 악기연주에 필요한 기술훈련의 보충적인 것으로 손가락의 스피드와 독립성을 향상시키는 것이다.
- 상지·하지를 포함한 종합적인 트레이닝은 신체 전체의 컨트롤 능력도 향상시킨다.
- 트레이닝은 언제나 할 수 있다. 근육의 피로를 일으키지 않기 위해서도 음악훈련과는 다른 시간에 할 것을 권한다.
- 단계적으로 스피드를 올리기 위해서도 처음에는 천천히 하는 리듬부터 한다. 각 종류를 10회씩 하고, 가능하면 메트로놈을 사용하는 것이 바람직하다.
- 완만하게 하고, 절대로 통증이나 피로를 수반하지 않도록 하는 것이 중요하다.

근육이 적응하기 위해서 처음 며칠간은 종목과 반복하는 횟수는 적게, 그 다음에 단계적으로 스피드와 횟수를 늘려가는 것이 바람직하다.

(114) 테이블 위에 양손 손목, 손가락을 자연스런 상태로 놓는다. 좌우 손가락을 번갈아 벌렸다 붙인다.

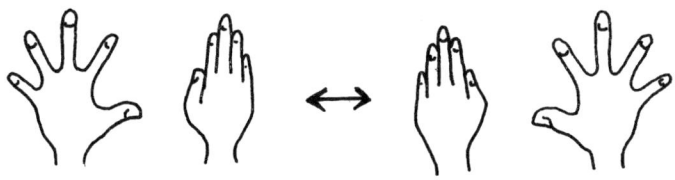

(115) (114)와 같은 상태에서 이번에는 번갈아 손가락을 접었다 편다.

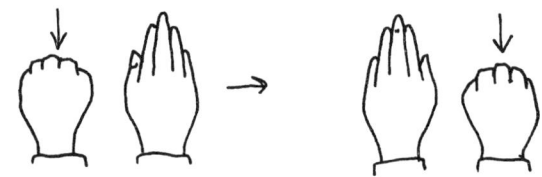

(116) 양 손가락은 완전히 편 채, 손가락이 붙은 부분을 동시에 구부린다.

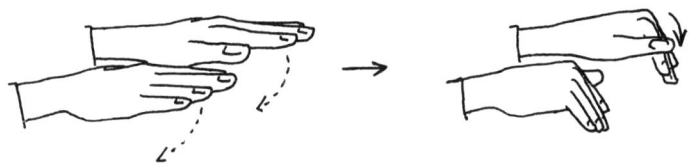

(117) 손가락이 붙은 부분은 늘린 채, 양손의 제1관절과 제2관절을 동시에 꺾는다.

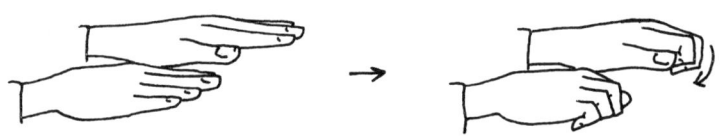

(118) 처음 위치 : 양팔을 몸 앞으로 펴고 교차시켜 손바닥을 맞추고, 이어서 손가락을 끼어 떼어지지 않게 하고, 팔꿈치를 구부린다.

그 상태로 왼손·오른손 손가락을 하나씩 번갈아 세운다.

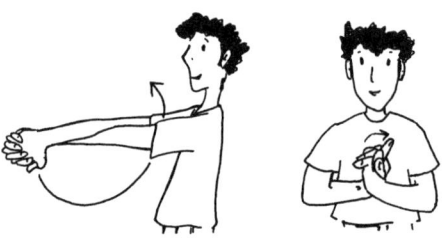

(119) 처음 위치 : 손바닥을 아래로 향하고, 손가락을 펴고는 양손을 모아서 테이블 위에 놓는다. 그 상태에서 양손의 넷째손가락을 동시에 구부린다. 다른 손가락을 편성해서도 해본다.

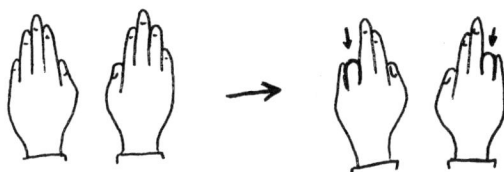

(120) 처음 위치 : 손바닥을 아래로 향하고, 손가락을 펴고는 양손을 모아서 테이블 위에 놓는다. 양손의 둘째손가락과 가운데손가락을 동시에 꺾는다. 다른 손가락을 편성해서도 해본다.

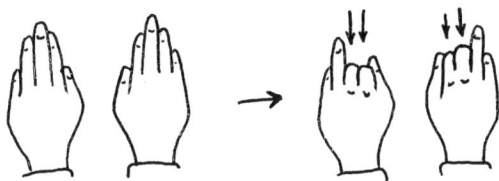

(121) 처음 위치 : 손바닥을 아래로 향하고, 손가락을 펴고는 양손을 모아서 테이블 위에 놓는다. 다른 손가락은 붙인 채로 두고, 양쪽의 둘째손가락만을 가운데손가락에서 벌린다.

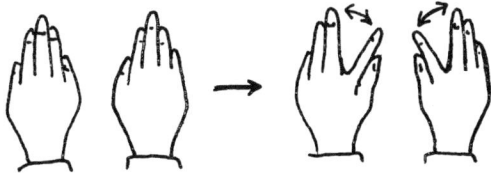

(122) 처음 위치 : 손바닥을 아래로 향하고, 손가락을 펴고는 양손을 모아서 테이블 위에 놓는다. 다른 손가락은 붙인 채로 두고, 이번에는 양손의 새끼손가락만을 벌린다.

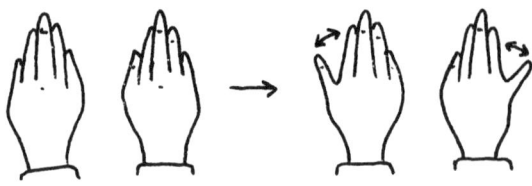

(123) 처음 위치 : 손바닥을 아래로 향하고, 손가락을 펴고는 양손을 모아서 테이블 위에 놓는다. 양손의 가운데손가락·넷째손가락 사이를 동시에 벌린다.

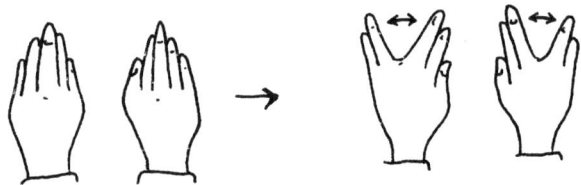

(124) 처음 위치 : 손바닥을 아래로 향하고, 손가락을 펴고는 양손을 모아서 테이블 위에 놓는다. 가운데손가락·넷째손가락은 붙인 채로 두고, 둘째손가락과 새끼손가락을 벌린다. 양손을 동시에 한다.

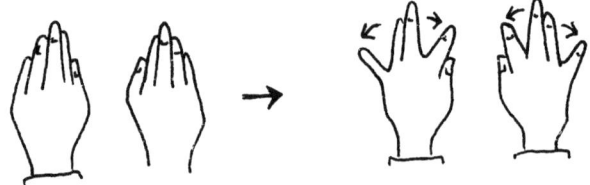

(125) 처음 위치 : 손바닥을 아래로 향하고, 손가락을 펴고는 양손을 모아서 테이블 위에 놓는다. 그 상태에서 오른손 : 둘째손가락은 편 채, 가운데손가락·넷째손가락·새끼손가락을 구부린다. 왼손 : 오른손과 반대로 둘째손가락만을 구부린다. 이 자세를 좌우 손으로 번갈아 반복한다. 또, 다른 손가락을 편성해서도 해본다.

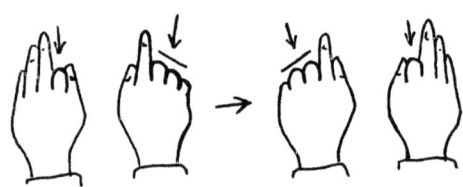

(126) 처음 위치 : 손바닥을 아래로 향하고, 손가락을 펴고는 양손을 모아서 테이블 위에 놓는다. 그 상태에서 오른손 : 가운데손가락·새끼손가락을 구부리고, 가운데손가락·넷째손가락·새끼손가락은 붙인 채, 둘째손가락을 벌린다. 왼손 : 둘째손가락과 넷째손가락을 구부리고, 가운데손가락을 펴고는 이 3손가락은 붙인 채, 편 상태의 새끼손가락을 벌린다. 좌우 손으로 이 자세를 번갈아 반복한다. 다른 손가락을 편성해서도 해본다.

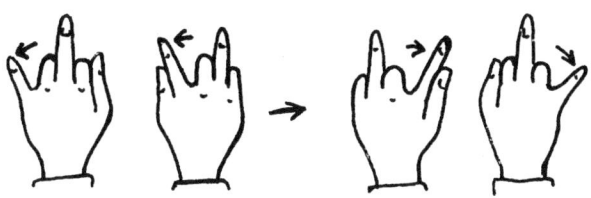

(127) 손가락은 편 상태로 하고, 양손은 맞춘다. 양쪽의 둘째손가락을 벌리고 나서 다시 손가락 안쪽끼리 맞추고, 원래 위치로 되돌아간다. 다른 손가락도 한다.

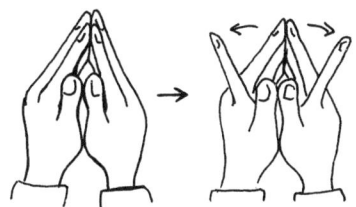

(128) 양손을 마주보고, 손가락은 편다. 양손의 둘째손가락과 넷째손가락을 동시에 벌리고, 다시 손가락 안쪽끼리 맞춰 원래 위치로 되돌아간다. 다른 손가락을 편성해서도 해본다.

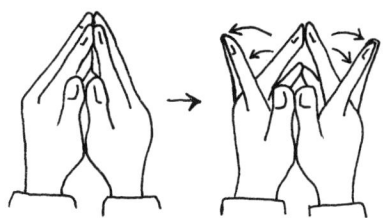

(129) 처음 위치 : 손바닥을 위로 향하고, 엄지손가락 이외의 손가락을 구부린다.

그 상태에서 a)가운데손가락 b)가운데손가락과 새끼손가락 c)둘째손가락과 넷째손가락 d)넷째손가락 이외의 손가락 전부를 차례로 양손 모두 동시에 펴간다. 다른 손가락을 편성해서도 해본다.

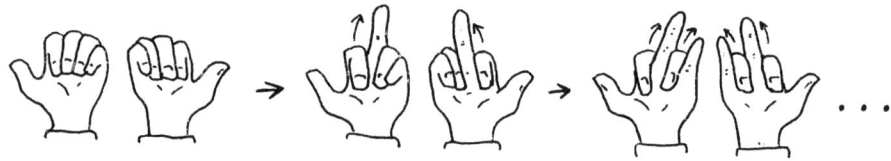

(130) 양손의 손가락을 자연스럽게 펴고, 릴랙스한(붙이지도 않고 벌리지도 않은) 상태로 테이블 위에 놓는다. 그 상태에서 양쪽의 둘째손가락을 동시에 가운데손가락의 등 쪽 위에 얹는다. 다른 손가락도 해본다.

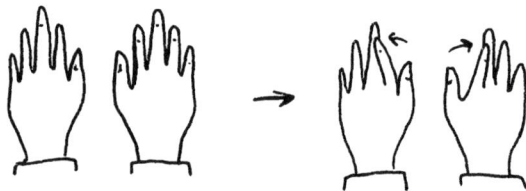

(131) 양손의 손가락을 릴랙스한 상태로 테이블에 놓는다.

이 상태에서 오른손 : 가운데손가락을 둘째손가락의 등 쪽 위에 얹는다.

왼손 : 새끼손가락을 넷째손가락의 등쪽 위에 얹는다.

좌우 손으로 번갈아 이 자세를 반복한다. 다른 손가락을 편성해서도 해본다.

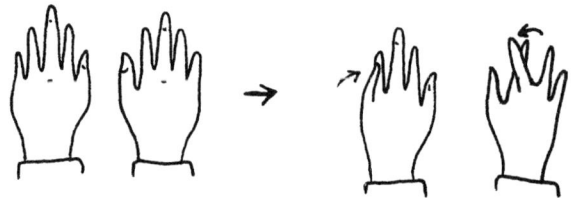

이어서 상지 · 하지를 포함한 조정력 트레이닝에 대하여 자세히 설명하겠다.

(132) 의자, 또는 스툴에 앉아 양다리를 펴고, 몸통에 대하여 직각 위치가 될 때까지 천천히 올린다. 이 자세에서
- 가위처럼 번갈아 다리를 올리고 내린다.
- 번갈아 상하로 다리를 교차시킨다.
- 번갈아 가볍게, 발뒤꿈치끼리, 발끝끼리, 발뒤꿈치와 발끝을 맞부딪친다.

(133) 의자 앞에 선다.
- 한쪽 발을 의자 위로 가져가서, 좌석에 닿지 않고 원래 위치로 되돌아간다. 양 다리 5회씩 계속한다.
- 앞과 같은 동작인데, 이번에는 의자 등받이 앞에 서서 등받이의 높이를 넘도록 한다. 좌석보다 등받이 쪽이 높기 때문에 운동은 보다 과격해진다.

(134) 양팔을 펴고, 양다리를 어깨 폭으로 벌리고 선다.
- 편 팔을 앞으로 뒤로 번갈아 10회씩 올린다.
- 양팔을 펼치고 나서 앞에서 교차시켜 몸을 껴안는다. 10회씩 한다.
- 팔을 각각 반대방향으로 돌린다. 왼팔이 앞으로 향하는 동안 오른팔은 뒤쪽으로 향하도록 한다. 반대방향으로도 한다.

(135) 양다리를 어깨 폭 정도로 벌리고 선다.

- 한쪽 다리씩 번갈아 앞으로 올리고, 그 때마다 넓적다리 밑에서 손을 친다. 각 다리마다 10회씩 한다.
- 한쪽 무릎을 몸 앞뒤로 번갈아 구부리고, 그때 반대쪽 손을 발뒤꿈치에 닿게 한다. 각 다리마다 10회씩 한다.

(136) 오른손으로 뒤에서 왼발 뒤꿈치에 닿을 수 있을 때까지 쭈그리고 앉는다. 4~5초 발뒤꿈치에 닿은 채로 있은 다음에 원래의 선 자세로 되돌아간다. 각각 10회씩 한다.

(137) 양발을 어깨 폭으로 벌리고 선다. 양팔을 바로 옆으로 펴고, 몸을 앞으로 숙여 한쪽 손을 반대쪽 발에 닿게 한다. 이 동작을 번갈아 계속해서 반복한다.

보다 깊이 이해하기 위해서

· 워밍업은 신체의 시동임과 동시에 악기에 대한 신체의 준비이기도 하다. 따라서 어떤 경우에도 처음부터 신체에 최대한의 요구를 하여, 피로하게 해서는 안 된다. 항상 전체적인 것에서 부분적인 것으로 전개하는 형태로 한다.
· 스포츠 경기에서 자주 하고 있는 이미지 트레이닝을 워밍업에 넣는 것은 효과적인 수단이다. 그렇게 함으로써 높은 집중력을 얻을 수 있고, 기술도 향상된다.
· 장기휴가가 끝난 직후 등, 음악활동을 재개하는 준비기간에는 근육활성화 트레이닝 프로그램을 준비하는 것이 바람직하다.
· 많이 알려져 있는 "근육통(결림)"은 근육을 지나치게 사용한 결과다. 보통, 신체운동을 지나치게 한 다음날에 볼 수 있다.
· 강도가 낮은 스트레칭의 실시는 이 타입의 근육피로를 보다 빨리 회복하는데 도움이 된다.
· 신체에서 등 부분의 근육은 풍부한 근섬유로 구성되어 높은 저항력을 갖고 있음에도 불구하고 과도한 근육 경직이나 긴장에 의해 근섬유의 탄력성을 잃기 쉽다. 그러므로 피로해진 등 부분의 근육을 완화하여 회복시키는 스트레치운동을 하지 않으면, 상기와 같은 근육통 증상이 더 악화된다.

편집자 주

(1) 편의상, 손가락 관절의 명칭을 아래와 같이 표기했다. ( )안은 의학전문용어.
   제1관절(DIP관절)‥손가락 관절 중에서 손바닥으로부터 가장 먼 관절.
   제2관절(PIP관절)‥손가락 관절 중에서 손바닥에 가까운 쪽의 관절.
   손가락이 붙은 부분(MP관절)‥제3관절. 실제로는 붙은 부분에서 옆의 한 손가락만큼 근위부(近位部)에 있다.

(2) 그러나 예를 들면 손가락이 아프게 될 정도로 피아노를 쳤을 때의 통증의 본체는 반복하여 마찰한 동작에 의해 기계적인 자극이 힘줄 주위 조직에 미친 결과, 건초염이나 건염이 생기게 된다. 이러한 과잉마찰에 의한 장액성(漿液性) 염증은 국소의 통증을 수반하며, 순조로운 움직임의 주된 장해가 될 수가 있다.

(3) 악기연주자의 직업성 디스토니아(근육 실조증)로 음악가 경련(musician's cramp)이 있다. 보통 피아니스트 경련(pianist's cramp, piano player's cramp : 피아니스트의 손가락이나 앞 팔의 근육에 일어나는 직업성 디스토니아), 바이올리니스트 경련(violinist's cramp : 바이올리니스트의 현을 누르는 쪽의 손가락, 때로는 활을 당기는 쪽의 팔에 일어나는 직업성 디스토니아)과 같이 연주악기 이름을 붙여서 나타낸다. 직업성 디스토니아에 관해서는 의견이 엇갈리는 부분도 있지만, 프로연주가가 근육의 경련 등을 예방하는 이유에서 스트레칭은 유용하다고 생각한다.

(4) 고관절굴곡위(股關節屈曲位)·무릎관절신전위(膝關節伸展位)에서의 내선위(內旋位)에서 주로 스트레치되는 근육은 대퇴이두근이며, 그 작용은 고관절의 신장과 무릎관절의 굴곡·외선(外旋)이다. 또, 고관절굴곡위·무릎관절신전위에서의 외선위에서 주로 스트레치되는 근육은 반건양근(半腱樣筋)과 반막양근(半膜樣筋)이고, 그 작용은 고관절의 신장·내선과 무릎관절의 굴곡·내선이다.

제5장 음악환경

모든 직업 활동에는 그것을 행하는 사람에게 직접적인 영향을 미치는 주위환경이 존재한다. 근래 에르고노믹스(인간공학)라고 하는 새로운 과학이 개개인의 쾌적함과 효율 향상을 위해 각각 직업 활동에서 필요해지는 환경조건을 망라한 연구를 발전시켜왔다. 에르고노믹스는 여러 분야에서 응용되고 있는데, 그 하나로 직업 인간공학이 있다. 이것은 노동자가 직업병을 피하고, 신체적 정신적 피로를 감소하게 하며, 효율을 높이기 위해서 노동환경 컨디션을 향상시키는 것이 목적이다.

여기에서 음악가와의 사이에서 번갈아 작용하는 것 모두를 음악환경이라고 하기로 한다. 다른 직종과 마찬가지로 악기연주자의 주위 상황에서도 어떤 종류의 특질을 볼 수 있다. 예를 들면 악기와의 관계, 의자 형태, 연습하는 방의 조명, 환기나 온도 외에 귀가 음에 노출되는 정도, 보면대, 그리고 악기와 신체의 적합 등을 들 수 있다. 또, 악기의 운반에 대해서도 잊어선 안 된다.

에르고노믹스는 이러한 관점에서 악기의 구조, 운반용 소프트케이스, 하드케이스, 콘서트홀에서의 적당한 의자의 사용 등, 음악환경에 관련되는 연구를 계속하고 있다.

1. 에르고노믹스의 기본개념

전술한 대로 음악분야에서의 에르고노믹스 적용은 여러 갈래에 걸친다. 그것은 고려해야 할 다양한 요소가 있기 때문이다. 음악가는 소속된 음악집단 안에서 자주 타인과 같은 공간에서 연습하고, 또 대부분의 경우 혼자서 장시간 틀어박혀 연습하는 자신만의 공간을 갖고 있다. 에르고노믹스 관점에서 음악가의 작업 컨디션에 대하여 말하면 음악활동의 효율성에 악영향을 미치지 않기 위해서는 이러한 양쪽 경우에 있어서 음악환경을 최적의 상태로 할 필요가 있다

1.1. 자세: 선 상태? 아니면 앉은 상태?

처음에 채택한 것은 음악가의 신체자세에 대해서다. 그런데 악기를 연주하기 위한 유일한 바른 자세는 존재하는 것일까? 대답은 'NO'다. 왜냐하면 인간은 장시간, 같은 자세로 있을 수 있도록 만들어지지 않았기 때문이다. 따라서 선 자세, 앉은 자세, 걸으면서⋯ 등, 해부학, 생리학을 고려한 다음에 여러 자세를 취하는 것이 바람직하다고 할 수 있다(그림30).

직립자세에 대해서 말하면, 지탱의 기본의 되는 것은 양쪽 하지이고, 선 상태를 유지하기 위해서는 자세를 유지하는 근육 전체를 활동시킬 필요가 있다. 그 다음에 신체 부분이 모두 척추의 곡선을 존중한 형태로 정렬해야만 한다.

척추는 측면에서 보면 네다리에서 직립으로 진화한 산물인 곡선을 나타내고 있는데, 정면에서 보면 완전히 쭉 뻗었다고 생각할 수 있다.

척추를 형성하고 있는 4가지 부분인 경추, 흉추, 요추, 선골(仙骨), 미골(尾骨)에 대해서는 제2장에서 자세히 말한 것과 같다(그림31).

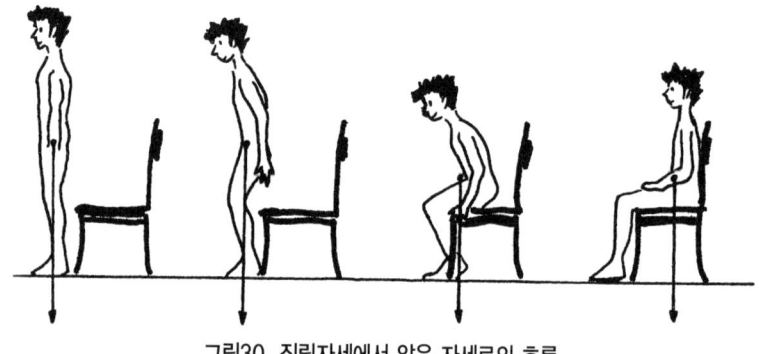

그림30. 직립자세에서 앉은 자세로의 흐름

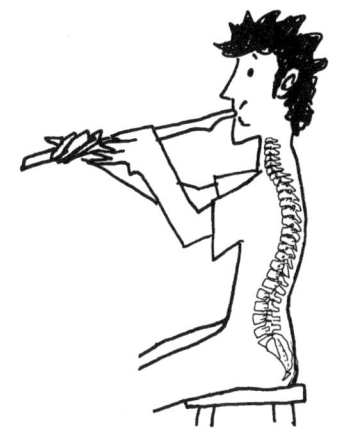
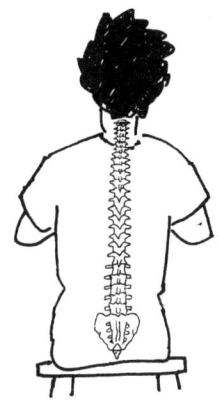

그림31. 척추 그림(옆과 뒤에서 본 것)

　경추부의 전만(前彎)은 넓은 범위의 움직임을 가능하게 하고, 흉추부의 후만(後彎)은 흉곽과 많이 관련되어 있다. 요추 부분도 큰 부담을 견딜 수 있도록 전만하고 있다. 마지막으로 선골 미골 부분이 후만하며 이어진다. 장골(腸骨)과 밀접한 관계를 가진 이 부분은 체간부의 중량을 골반대에 전달하고, 골반대에서 양 다리로 전한다. 대부분 등의 나쁜 컨디션은 척추 중에서도 보다 큰 움직임이 요구되는 경추, 요추 부분에서 많이 볼 수 있다. 신체기능을 존중한 직립자세란 무릎을 뒤쪽으로 당겨서 극단적으로 요추를 전만시키지 말고, 요추의 자연스런 곡선을 유지하기 위해서 가볍게 무릎을 구부리는 편이 좋다. 따라서 장시간 선 채로 연습할 때는 한쪽 발을 얹을 수 있는 높이 15cm 정도의 발판이나 상자의 사용을 권한다. 한쪽에만 부담이 가지 않도록 때때로 발을 바꾸면 좋다(그림32).
　앉은 자세에서 지탱의 기초가 되는 부분은 양발에다 정부와 대퇴부에까지 미친다. 체중의 일부는 의자 등받이에도 전달되기 때문에 서있는 자세보다 피로는 적고, 보다 안정을 얻을 수 있다. 그러나 한편으로 척추의 추간판(椎間板)에는 커다란 압력이 가해지고, 특히 요추의 자연스런 전만 곡선이 후만 경향으로 됐을 때 부담이 더 커진다.

그림32. 직립자세 　　잘못됨　　잘됨

　이러한 관점에서 가장 바람직한 의자는 등받이가 요추의 곡선을 유지할 수 있도록 된 것이라고 할 수 있다. 그러나 피아노나 하프, 드럼 의자에는 등받이도 받침도 없다. 그렇게 되면 요추 부분의 정상적인 곡선을 유지하기 위해서 스스로 근육조직을 강화할 필요가 있다. 그렇게 하지 않으면 자세근(姿勢筋)을 규칙적으로 움직이지 않은 많은 악기연주자들에게서 흔히 볼 수 있는 과도한 교정자세(과도한 척추 전만)가 되어, 척추 뒷부분에 여분의 압력이 가해져서 요추 부분의 만곡이 평평하게 돼 버린다. 이러한 상태에서는 추간판에 더 큰 부담이 생기고, 추간판 자체의 영양섭취 기능도 저하하여, 추간판의 변성이 진행되고, 요부(腰部) 추간판 헤르니아(탈장)를 포함한 척추 장애 가능성이 많아진다(그림33, 그림34).

　대부분의 리허설 룸이나 음악학교에서 볼 수 있는 커다란 문제의 하나는 사용하는 의자가 전부 같다는 것. 각자의 형태에 따른 가능성이 고려되어 있지 않다.

　의자를 정할 때는 좌석 · 등받이 · 팔걸이 · 다리 등의 높이, 경사를 조정할 수 있는지, 앉은 상태에서 연주에 적합한지, 그리고 개인에게 맞는지 등, 의자를 구성하고 있는 여러 가지 요소가 중요해진다(그림35).

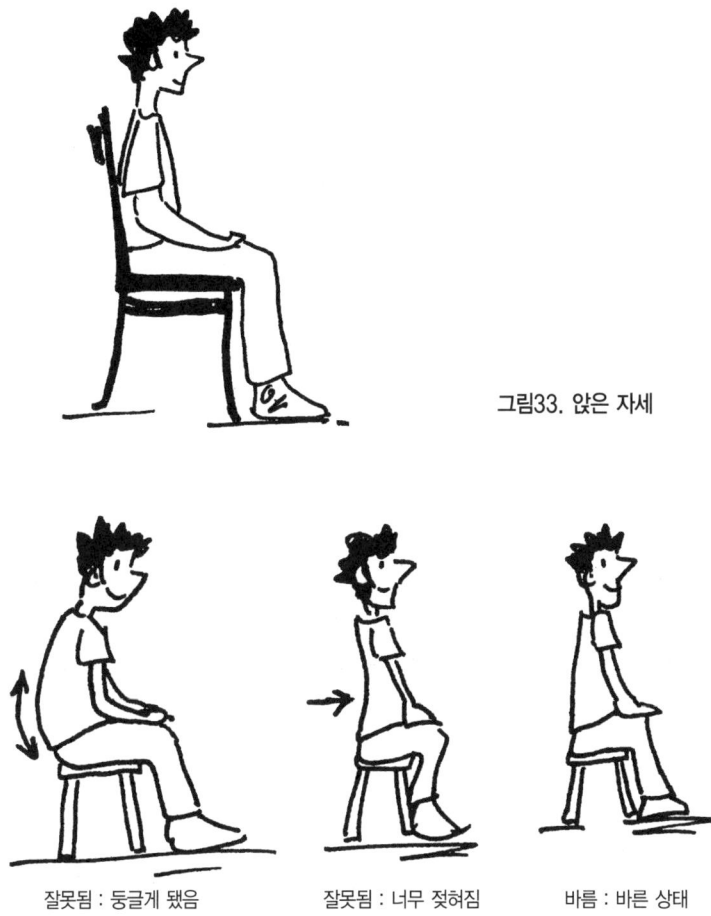

그림33. 앉은 자세

잘못됨 : 둥글게 됐음   잘못됨 : 너무 젖혀짐   바름 : 바른 상태

그림34. 허리등뼈의 상태

의자 형태를 선택할 때 권하는 주요한 내용은 아래와 같다.
- 의자의 높이를 조정할 수 있는 것. 너무 낮으면 골반에 압력이 집중되어 무릎을 구부리는 각도가 작아지게 된다. 반대로 너무 높으면 발이 지면에 닿지 않아서 불안정해진다(그림36). 또 어린이가 사용하는 경우에는 양발의 지탱 면을 늘리기 위해서 받침이나 발판을 놓아야 한다.

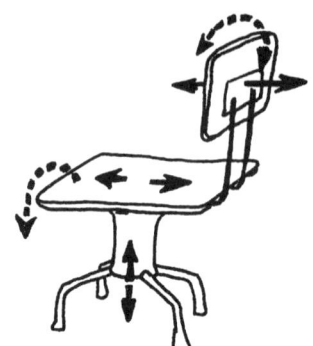

그림35. 조정할 수 있는 의자

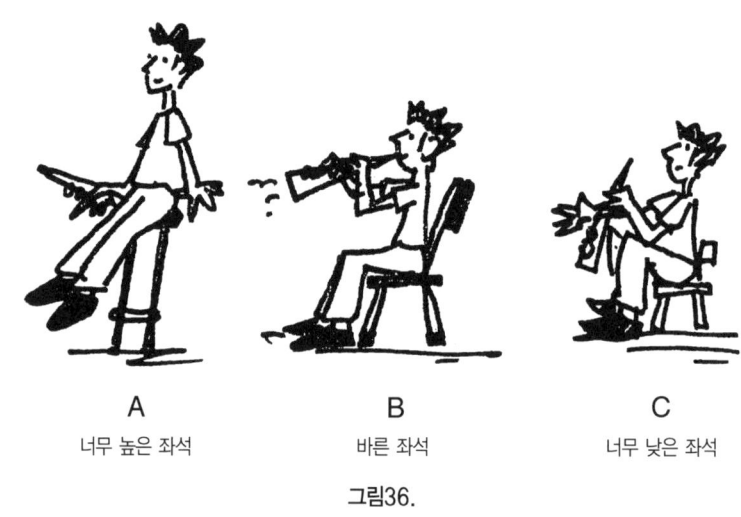

A	B	C
너무 높은 좌석	바른 좌석	너무 낮은 좌석

그림36.

- 무릎 뒤쪽이 압박되지 않도록 너무 깊은 좌석은 피한다. 또 반대로 너무 얕으면 체중이 모두 좌골결절(坐骨結節 : 좌골의 2군데 돌출부분)에 집중되게 된다. 좌석의 크기나 앉았을 때의 느낌도 충분히 배려해야 한다(그림37).
- 좌석이 바르게 경사져 있을 것. 특히 등받이가 없는 피아노용 의자나 스툴 등의 경우, 앞으로 15° 정도의 경사가 있으면 요추 부분의 자연스런 전만 곡선을 유지하는 데 도움이 된다. 그럼으로써 추간판에 대한 압력뿐만 아니라 자세근의 긴장도 감소될 수 있다. 또, 좌석의 표면 재질이 미끄러지기 쉬운 것도 피해야 한다(그림38).

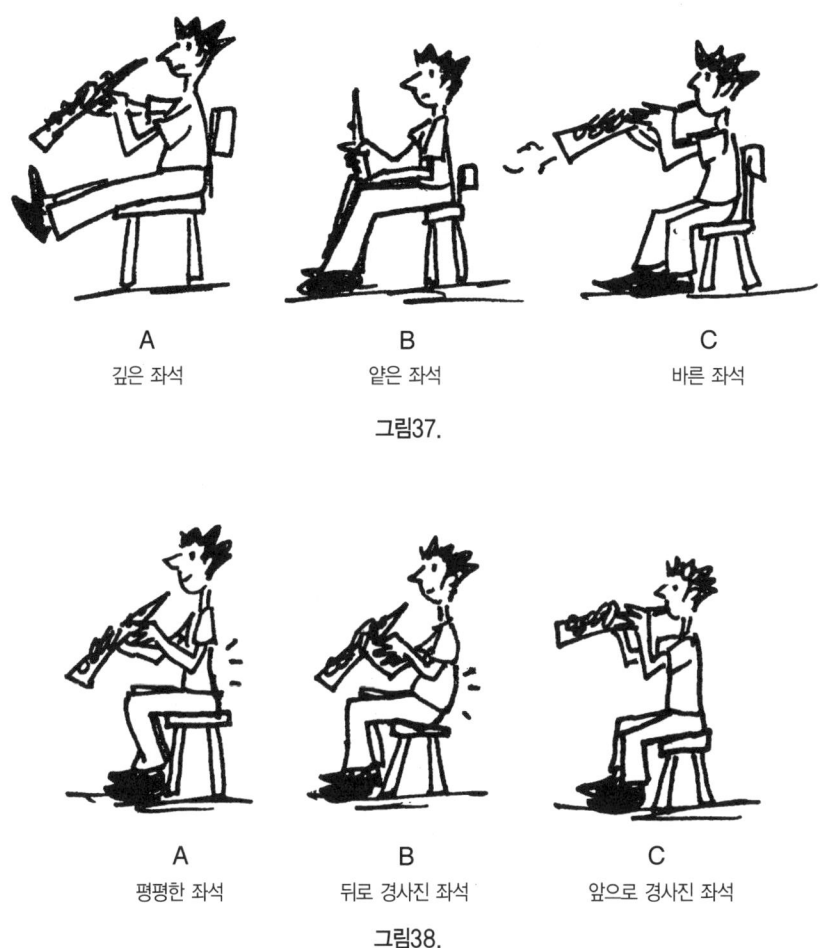

A	B	C
깊은 좌석	얕은 좌석	바른 좌석

그림37.

A	B	C
평평한 좌석	뒤로 경사진 좌석	앞으로 경사진 좌석

그림38.

- 척추의 각 부분에 맞는 등받이 사용은 요추 전만을 유지하는데 도움이 된다. 이것은 체중의 일부가 등받이에 가해짐으로써 요추가 지탱하는 부하가 줄어들기 때문이다. 그러므로 연주하지 않을 때에 기댈 수 있도록, 특히 연습용 의자에는 등받이가 있는 것을 권한다. 또, 등받이도 높이나 경사를 조절할 수 있는 것이 바람직하며, 경사는 115°를 넘지 않도록 한다(그림39).

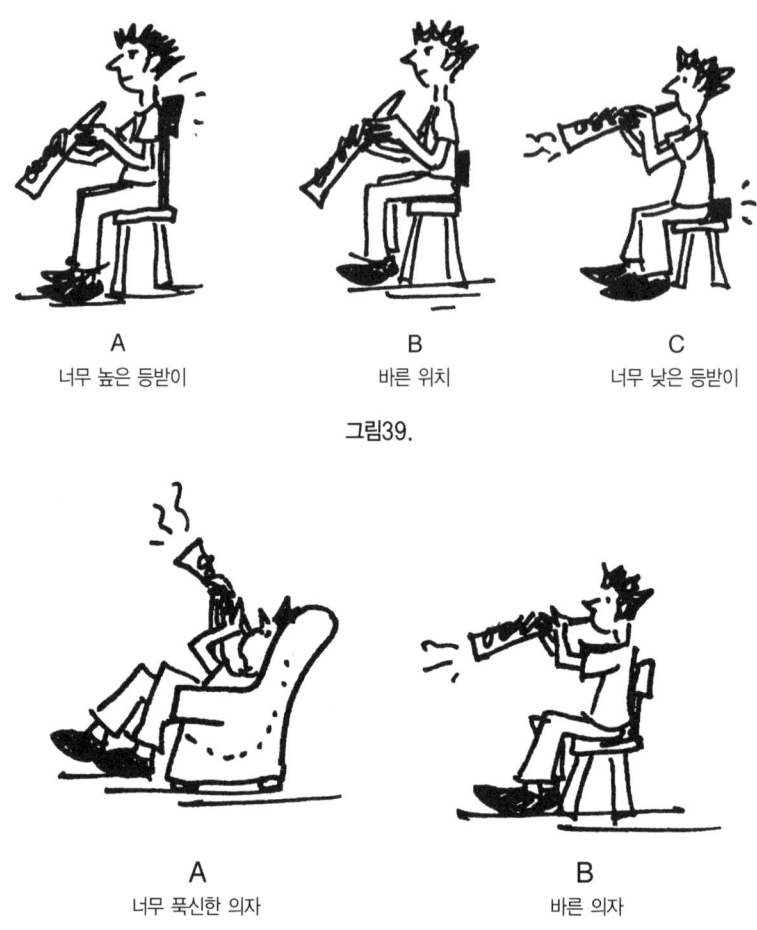

A	B	C
너무 높은 등받이	바른 위치	너무 낮은 등받이

그림39.

A	B
너무 푹신한 의자	바른 의자

그림40.

- 팔걸이의 사용은 추간판에 대한 부담을 줄이는 것이지만, 악기연주에 필요한 자유스런 동작에 방해가 된다. 따라서 팔걸이는 음악가가 사용하는 의자에 설치하지 말아야 한다.
- 좌석의 표면에 쿠션이 들어있는 것을 권하는데, 너무 지나치게 푹신한 것, 안정되어 있어 미끄럽지 않은 것, 통기성이 좋은 것, 테두리가 예리하지 않은 것이 바람직하다(그림40).

근래 여러 타입 디자인의 의자가 제조되고 있는데, 각각 일장일단이 있다.

닐링 체어

일반적으로 에르고노믹 체어, 밸런스 체어라고도 불리는 의자로, 좌석이 앞으로 기울어(수평면에 대하여 30° 정도), 무릎을 아래로 받쳐주는 것이다. 이 타입의 의자는 요추의 곡선을 유지하는데 상당히 좋은 효과를 가져오고, 팔걸이가 없기 때문에 양팔의 자유로운 움직임이 가능하며, 또한 횡격막을 움직이는 데 최선의 자세가 된다. 이상과 같이 음악가에게 이점이 있는 한편, 경골(脛骨:정강이)이 끊임없이 압박받음으로써 양 무릎에 불쾌감이나 나쁜 상태를 야기할 가능성도 있다. 또, 등받이와 같은 척추에 대한 부담을 줄이는 요소가 없는데다가 서거나 앉을 때 약간 불편하다. 그러나 최근에는 앞서 말한 것 같은 문제를 최소한으로 방지하도록 고려한 모델의 연구가 이뤄져 시장에 나오고 있다(그림41).

다이내믹 체어

활동적인 형태로 앉는 의자. 즉, 뒤로 기대기, 중간, 앞으로 기대기와 같이 앉은 사람의 움직임에 따라 등받이가 변화한다. 사용하는 사람의 체중에 맞춰서 좌석과 등받이 사이의 각도를 조정할 수 있다. 이 모델은 오피스용으로 등받이가 높은 것이 있어서, 음악연주에 필요한 동작을 방해하는 경우가 있다(그림42).

바이시클 체어

자전거 모양을 한 삼각형 의자로 실제로 행하는 운동에 따라 높이를 조정할 수 있다. 좌석 앞으로 향한 경사는 기본적으로 체중을 양다리에 이동시켜서 척추 본래의 곡선을 유지하기 쉽게 해준다. 또, 이 좌석 모양은 양다리를 벌리고, 좌우 발로 단단히 지탱할 수 있게 되기 때문에 높은 안정성을 가져온다. 이 삼각형 의자는 드럼주자가 사용하는 경우를 자주 볼 수 있다(그림43).

그림41. 닐링 체어   그림42. 다이내믹 체어

그림43. 바이시클 체어

결론으로 선 상태, 앉은 상태, 어떤 경우에도 아래와 같은 것을 존중해야 한다.
- 개인에게 맞는 자세
- 자세를 유지하는 시간
- 같은 자세를 반복하는 빈도

현재, 이러한 점을 수단으로 음악활동에서의 각각의 요인을 정확하게 분석하기 위해서 비디오에 의한 연구 조사가 행해지고 있다.

그러한 특성에 따라서, 그리고 각 이용자의 조정능력·적응능력과 실제로 하는 작업에 따라서 의자 모양을 선택해야 하며, 앉은 상태에서 안정성을 손상하지 않고 자세를 바꿀 수 있는 것이어야 한다.

1.2. 악기

악기는 사용해야 할 의자 모양을 결정지을 뿐만 아니라 선 자세인지 앉은 자세인지 또 그 외에도 악기를 지탱할 필요가 있는지 어떤지에 따라, 연주자의 신체 자세에 크든 작든 영향을 미친다. 바이올린, 기타, 대부분의 관악기와 같이 연주자 자신이 지탱하는 것이 있는 한편, 콘트라베이스, 첼로, 하프 등과 같이 일부를 지탱하는 것, 그리고 피아노나 드럼과 같이 지탱할 필요가 없는 악기도 있다. 그런 사실에서도 에르고노믹스가 악기와 연주자의 관계에서 중요한 역할을 담당하고 있다는 것은 명백하다.

우리들이 직면하는 첫째 난제는 대부분의 악기가 인간의 신체 움직임을 고려하여 만들어지지 않는다는 것이다. 말하자면, 인간이 악기에 순응하는 것으로, 그 반대는 있을 수 없다. 누구 한 사람이라도 18세기의 바이올린, 스트라디바리우스를 인간공학의 관점에서 디자인을 변경하려는 것 등은 생각하지 않는다. 이러한 현실이 음악환경에서는 개인의 적응능력보다도 악기의 음악성이나 울림 쪽이 우선된다는 생각을 부득이하게 가지게 한다. 게다가 특히 클래식이라는 음악분야에서는 전통이 무겁게 내리누르고 있다. 예를 들면, 바이올린과 비올라의 어깨 바대·턱 바대는 악기를 몸에 꼭 맞게 하는데 상당한 이용가치가 있음에도 불구하고. 음악학교 가운데는 악기와 직접 닿기를 주장하며, 음악가에게 더 많은 육체적 노력을 강요하게 되는데도 그러한 사용을 거부하고 있는 곳도 있다.

그러나 새로운 구조의 악기 중에는 에르고노믹스 관점에서 각자의 신체에 맞는 디자인을 받아들임으로써 음악가가 바라는 음의 울림을 손상시키지 않는 것도 있다.

악기를 취하기 위해서 준비하는 부속품·장치에는 앞서 말한 어깨 바대·턱 바대와 같은 일반적인 것부터 리브라고 하는 장착 도구, 악기를 지탱하기 위해서 목부터 걸치

그림44. 악기를 고정한다 잘못됨 잘됨

는 벨트, 끈 등 다양한 것이 있다. 어쨌든 이러한 소도구는 개인의 체격에 맞는 것, 선 상태에서도 앉은 상태에서도 연주자세에 적응하는 것. 사용해도 바른 신체자세를 유지할 수 있는 것이어야 한다.

  테너 색소폰을 생각해보자. 이 악기는 볼륨이 있어 무겁기 때문에, 목부터 매단 끈으로 지탱하는 경우가 많다. 그러나 이런 형태의 지탱은 머리가 앞으로 기울어지게 되고, 경추 부분에 긴장을 주며, 나쁜 상태를 초래하는 원인이 된다. 이러한 경우, 몸에 꼭 맞는 벨트 등의 도구를 사용함으로써 좋은 자세를 방해하지 않고, 악기의 무게를 가슴 쪽으로도 분산할 수 있다(그림44).

  현재, 음악시장에는 신체생리학에 의거하여 악기연주자의 쾌적함을 중시한 온갖 모델·형상의 부속품이 나오고 있다.

  악기에 대하여 말할 때 잊어선 안 되는 것은 근육이나 골격과 같은 운동기(運動器)의 나쁜 상태를 야기하는데 주된 원인으로 생각되고 있는 악기의 운반에 대한 것이다. 예를 들면, 첼로는 악기 본체만도 3~4kg, 소프트 케이스 1kg, 하드 케이스 6kg를 가산한다면, 첼리스트는 평소에 약 10kg이나 되는 짐을 여기저기 운반하고 있다는 것을 의미한다. 물론, 500g인 바이올린, 859g인 클라리넷과 같은 가볍고 크지 않은 악기도 있지만, 그러한 악기들도 모두 보호 케이스에 넣어 운반하기 때문에 총 중량은 늘어난다. 거기에다 악보나 악기 손질을 위한 부속품 등도 함께 가지고 다니기 때문에 음악가는 하루 종일 상당한 무게의 짐을 운반하게 된다.

잘못됨 　　　 잘됨

그림45. 악기의 운반

이러한 현실에 입각하여 중량을 좌우 양방향으로 분산시키기 위해서 배낭 타입의 소프트 케이스, 하드 케이스의 사용을 권한다. 그것이 무리라면 한쪽에만 너무 부담을 주지 않도록 운반 중에 가끔씩 악기를 바꿔들 것을 권한다. 각종 부속품과 마찬가지로 케이스에서도 에르고노믹스 관점에 의한 보다 가볍고 종래의 보호성·안전성을 갖춘 새로운 재질의 제품이 시장에 출시되고 있다(그림45).

또, 현대음악의 장르에서 사용되는 앰프 등의 기재 운반은 악기연주자에게 더 많은 부담을 요구하게 된다. 그와 같은 이유에서 척추를 보호하기 위해서도 바르고 건강한 신체는 음악가에게 있어서 불가결한 것이다.

- 무릎을 편 상태의 자세로 절대로 무거운 것을 들어올리지 말 것. 반드시 무릎을 구부리고, 가능한 한 등을 똑바로 하여, 신체를 짐에 가까이 대고 들어 올린다(그림46).
- 장시간 선 채로 있을 때는 한쪽 발을 얹을 높이 15cm 정도의 발판이나 상자를 준비하고, 한쪽으로만 지탱하는 것을 피하기 위해서 가끔 발을 바꾸도록 한다(그림47).
- 과도한 척추 신장(伸長)을 일으키게 되므로, 머리보다도 높은 위치에 있는 것을 잡는 행위를 피한다. 그와 같은 경우에는 발판이나 사다리를 이용해서 팔이 무리 없이 닿도록 한다(그림48).
- 악기·기재를 운반할 때는 되도록 바퀴가 붙은 카트를 사용한다. 또, 카트는 끌어당기는 것보다 미는 형이 바람직하다(그림49).

그림46. 등의 건강 유지

그림47. 한쪽 발의 지탱

　선천성 또는 외상성 요인을 제외하면, 등의 통증·나쁜 상태를 호소하는 사람들 대부분은 나쁜 자세의 습관화나 급격한 체중증가, 만성적인 운동부족, 앉아서 하는 일이 중심인 생활습관이 원인이 되어, 이러한 증상이 나타나고 있다. 음악 분야에서는 특히 운동부족이 요인인 경우가 많다.

그림48. 발판이나 사다리의 사용

그림49. 카트를 민다

1.3. 시력과 청력

시력은 에르고노믹스 관점에서 고려해야 할 다른 국면의 하나다. 여러 가지 시각적 변화는 악기나 보면대의 위치, 오케스트라에서의 배치에 따라 야기되기 때문에 음악가의 신체 건강에 직접 영향을 줄지도 모를 중요한 요소다.

잊어선 안 되는 것은 조명 종류에 따라서 시각이 민감하게 반응하고, 그럼으로써 시력을 좋게도 나쁘게도 한다는 것이다. 예를 들면, 조명장치가 좋지 않은 리허설 룸에서의 눈부심이나 반사는 악보를 잘 보려고 하기 때문에 음악가에게 자세 수정을 강요하게 된다.

조명은 광도(빛의 정도가 강하면 시각은 민감해진다), 조명 밸런스(눈부심을 피한다. 특히 빛과 그림자의 대비를 좋은 상태로 한다), 조명의 질(자연광이 가장 바람직하지만, 인공인 경우는 백색인 것) 등 3가지 특색으로 나눌 수 있다. 바른 조명에 대한 일반적인 어드바이스로는 예전에 피아노에서 자주 볼 수 있었던 것처럼 악보 양쪽에 스탠드를 설치했을 때 발생하는 빛의 반사를 피하기 위해, 빛은 바로 위, 또는 뒤에서 받는 것이 바람직하다고 할 수 있다. 실제로 공연에서는 그 장소나 스타일에 따라서 조명 시스템이 다르지만, 항상 쾌적한 빛을 얻을 수 있도록 조명을 바꿀 수 있어야 한다.

음악가는 종종 무대 위의 스포트라이트 때문에 눈이 부시거나, 극장이나 재즈클럽 등에서 어둑어둑한 상황에 처하는 경우가 있는데 이러한 경우는 모두 눈의 피로를 일으킨다.

나이와 함께 눈의 적응능력은 퇴화해 가는데, 음악가에게는 근거리(손·악기), 중거리(악보), 원거리(지휘자·오케스트라 멤버)를 보는 시력이 요구되는 것을 잊어선 안 된다. 악보를 읽는데 최적인 거리가 40~47cm인데, 음악가는 특히 오케스트라 리허설에서 보면대와의 거리가 1m나 되는 등, 종종 너무 멀거나, 너무 가까이 있는 악보를 읽는 경우도 있다.

시력이 나쁘면 머리 위치를 바꾸게 되고, 그것이 원래대로라면 시력 교정에 따라 간단히 해결할 수 있었을 경추·흉추 부분의 긴장을 야기한다.

그렇기 때문에 매년 정기적으로 시력검사를 받고, 안과의사에게 음악활동에서의 상황을 설명할 것을 권한다. 또, 가능하면 악기도 지참하여 보면대와의 거리 등을 의사 앞에서 실연해 보이면 좋을 것이다.

에르고노믹스 관점에서 고려해야만 하는 다른 국면은 청력 레벨에 대해서다. 음악에서의 주요한 문제는 대부분의 경우 음의 높이가 야기하는 유해한 성질이 가려져서 깨닫지 못한다는 것이다. 예를 들면 바이올린 음은 84~103데시벨인데, 이것은 바람직하다는 음 세기의 한도를 넘고 있지만, 비발디의 《사계》를 듣고 귀청을 찢는 것처럼 느끼는 사람은 아무도 없을 것이다.

청각의 두 가지 중요한 요소는 음의 세기를 나타내는 데시벨과 음의 주파수(진동수)를 나타내는 헤르츠다. 청각기관을 손상하지 않기 위해서는 하루 8시간 연습에

80~85dbs(데시벨)을 넘지 말 것을 권한다. 그러나 악기연주자, 특히 관악기·퍼커션 등은 대개 이 수치를 넘고 있다.

클라리넷	92~102dbs
플루트	85~111dbs
피콜로	95~112dbs
트롬본	85~114dbs

한사람 한사람의 악기연주자가 이와 같은 음량으로 연습하고 있기 때문에 오케스트라나 복수의 악기로 연주하는 그룹에서는 인간의 청각에 얼마간의 피해를 주는 레벨에까지 이른 것이 명백한 사실이다. 오케스트라에서는 85~95dbs, 락에서는 105~110dbs이 된다. 매일 이와 같은 음량에 노출되면, 시간이 경과됨에 따라 귀의 좋지 못한 징조의 하나인 청각 피로를 일으킬 가능성도 생긴다.

최근에는 음의 균형을 완화하는 어쿠스틱 스크린이 도입되어, 오케스트라의 관악기와 현악기 섹션 사이에 설치되어 있는 경우를 자주 본다. 마찬가지로 음악가를 위해서 만들어진 특별한 귀마개가 리허설 장소에서 사용되는 경우도 있다. 귀의 이상을 재빨리 알기 위해서는 예방책으로 매년 청력검사를 하길 권한다(그림50).

그림50. 어쿠스틱 스크린

1.4. 음악환경의 실내온도 · 습도

에르고노믹스의 중요한 국면의 마지막으로 음악에서의 기후적 요인의 영향에 대하여 서술하겠다.

마지막 항목으로 채택되었다고 해서 이것의 중요성이 낮다는 것은 아니고, 오히려 연주 효율에 상당한 영향을 미친다.

성악가를 예로 생각해보자. 추운 장소에서는 기관지 상부에 어떤 지장을 가져오는 경우도 있고, 그렇게 되면 성대에 심각한 손상을 주게도 된다. 마찬가지로 악기연주자의 경우도 추위로 손이 곱아서 평소보다 강한 힘으로 현이나 건반악기의 키를 누르게 되어 근육피로를 조장하게 된다.

이러한 요소를 조정할 수 없는 야외 콘서트 등의 경우를 제외하고, 최근의 건조물 중에는 인텔리전트 빌딩이라는 최첨단 테크놀러지를 구사한 공간 시스템을 갖추고 있는 곳도 있다. 그러나 이 새로운 시스템에도 좋지 않은 점은 있다. 내부에서 이뤄지는 행위나 사람 수, 개인의 체온에 대응하여 항상 균등한 형태로 온도 · 습도를 간단하게 조정할 수 있는 것은 아니기 때문이다. 실내온도가 너무 높으면 땀을 너무 흘리게 되어 음악 동작에 지장이 생긴다. 전통에 따라 슈트를 착용해야만 하는 콘서트에서는 그 정도도 늘어나고, 과도한 발한작용으로도 이어지며, 양팔 · 양다리의 동작에 방해도 된다. 반대로 온도가 너무 낮으면 근 수축 속도가 평소보다 늦어져서 마음대로 손 관절을 움직일 수 없게 될 가능성도 높아지고, 감기에 걸리는 원인도 된다.

또, 인공 공조 시스템 방에서는 종종 실내온도보다도 건조가 문제로 되는 경우가 많다. 습도가 너무 낮으면 호흡기관이 바싹 마르거나, 악기의 음향 컨디션이 변화하는 영향이 생기기 때문이다.

이상과 같은 이유로 음악환경의 생리적인 실내온도는 17~22 , 습도는 40~60%라는 결론이 된다.

보다 깊이 이해하기 위해서
· 추간판(椎間板)은 충격을 완화하는 상당히 뛰어난 기능을 가지며, 대개 35세 무렵부터 천천히 그 능력이 저하된다.

- 밤에 자고 있는 동안에 추간판 내부에서는 수분을 재충전하는 현상이 일어난다. 이것은 하루 중의 행동, 특히 몸을 구부리는 동작에서의 부하(負荷) 전달에 따라 손실된 수분을 보급하여 무게에 견딜 수 있게 하기 위해서다.
- 추간판 등으로 구성되는 둥그스름한 요추 부분은 등받이가 없는 의자에 앉은 상태에서 500뉴턴 이상의 힘에 견딜 수 있다. 그리고 이 좌위(座位)는 추간판에 대한 최대압력에 견딜 수 있는 자세의 하나다.
- 악기를 든 자세가 원인으로 바이올린, 비올라주자에게는 오른쪽 귀와 비교하여 왼쪽 귀에서 보다 많은 영향을 볼 수 있다.
- 30세 이후는 청각의 감수성이 저하하여, 들을 수 있는 음의 진동수가 감소해간다.
- 140데시벨을 넘는 레벨의 음에 노출되면, 밸런스 감각을 잃거나, 청각 이상을 야기하는 경우가 있다.
- 음속은 공기 중의 온도나 습도에 따라 달라지므로, 온도·습도가 높을수록 음속도 빨라진다.

제6장 악기별 트레이닝 리스트 10

계속해서, 각 악기연주자와 성악가를 위하여 선택한 트레이닝을 소개하겠다[1]. 물론 개인의 필요성에 따라 종목을 늘리거나 변경할 수도 있다. 잊지 말아야 할 것은 트레이닝은 완만하게, 불쾌하게 느끼지 않고, 항상 개인의 신체 컨디션에 맞춰가는 것이다.

처음에는 천천히 하며, 신체가 익숙해질 때까지 서서히 발전시켜 가는 것이 중요하다는 것을 기억해 둔다.

해설 게재 부분을 보기 쉽게 하기 위해서 각 페이지에 표기한 번호는 제4장과 일치한다.

편집자 주

(1) 게재 순서는 원서를 따랐다. 또 원서에는 지휘자용 트레이닝 리스트는 게재되어 있지 않다. 그러나 장시간 계속 서 있다는 특성, 다이내믹한 팔의 움직임과 함께 섬세한 손가락 끝의 움직임이나 얼굴표정이 요구되기 때문에, 모든 음악가에게 필요한 호흡 트레이닝 외에 전신을 망라할 수 있도록 적절히 선택해서 트레이닝 하기를 권한다.

바이올린/비올라주자 11, 15, 23, 30, 41, 66, 72, 73, 84, 91
첼로주자 11, 13, 22, 29, 55, 70, 72, 73, 83, 93
기타/베이스주자 13, 18, 23, 31, 54, 71, 75, 83, 97, 107
콘트라베이스주자 7, 9, 13, 25, 55, 67, 78, 82, 96, 99
하프주자 21, 22, 26, 30, 54, 65, 74, 96, 105, 106
클라리넷주자 18, 21, 32, 38, 70, 78, 83, 86, 88, 98
색소폰주자 8, 13, 26, 36, 71, 84, 85, 92, 94, 97
플루트주자 20, 25, 31, 39, 65, 70, 82, 87, 97, 114
트럼펫 및 그 외의 금관악기주자 7, 15, 33, 54, 66, 70, 78, 83, 85, 91
파곳주자 14, 23, 30, 35, 43, 57, 72, 76, 82, 96
오보에주자 21, 52, 54, 68, 75, 81, 88, 97, 114, 117
피아노/키보드주자 15, 17, 23, 27, 55, 70, 74, 83, 97, 107
드럼/퍼커션주자 14, 25, 28, 33, 54, 64, 75, 84, 96, 107
성악가 30, 36, 44, 45, 62, 85, 87, 98, 104, 108

바이올린/비올라주자

첼로주자

기타/베이스주자

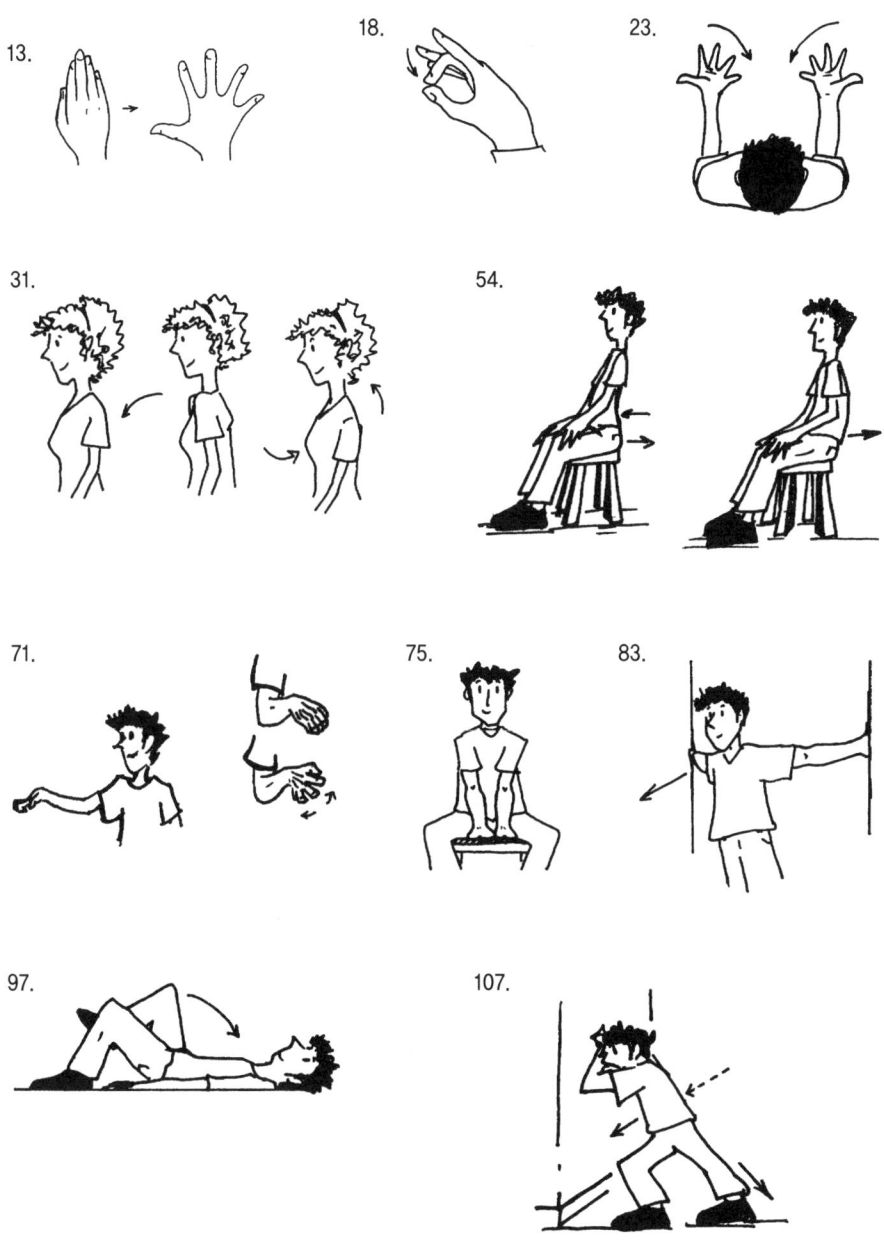

콘트라베이스주자

하프주자

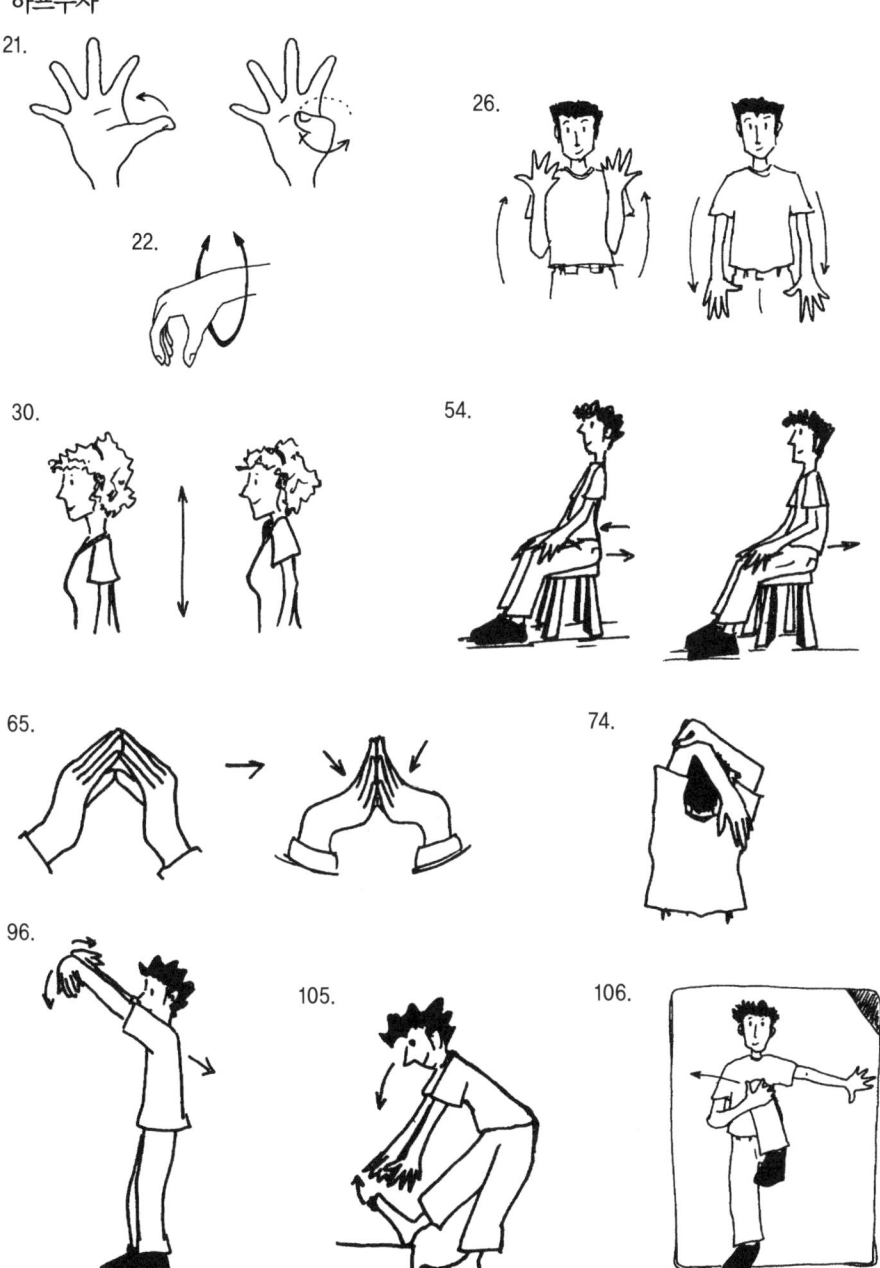

제6장 | 악기별 트레이닝 리스트 10 169

클라리넷주자

18.

21.

32.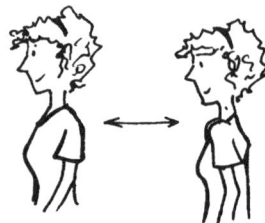

38.

70.

78.

83.

86.

88.

98.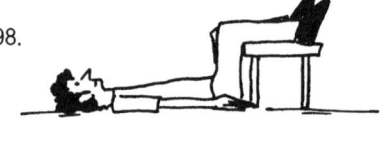

색소폰주자

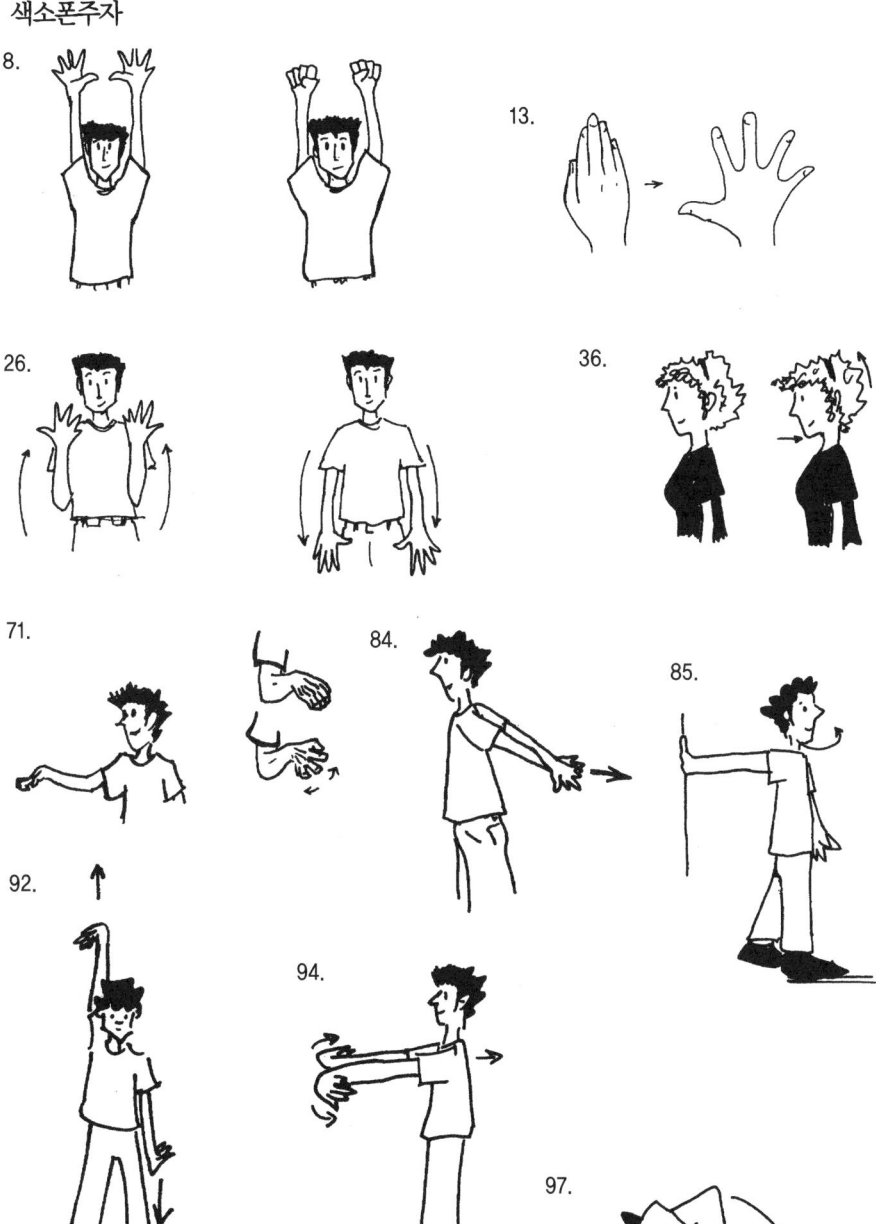

플루트주자

트럼펫 및 그 외의 금관악기주자

파곳주자

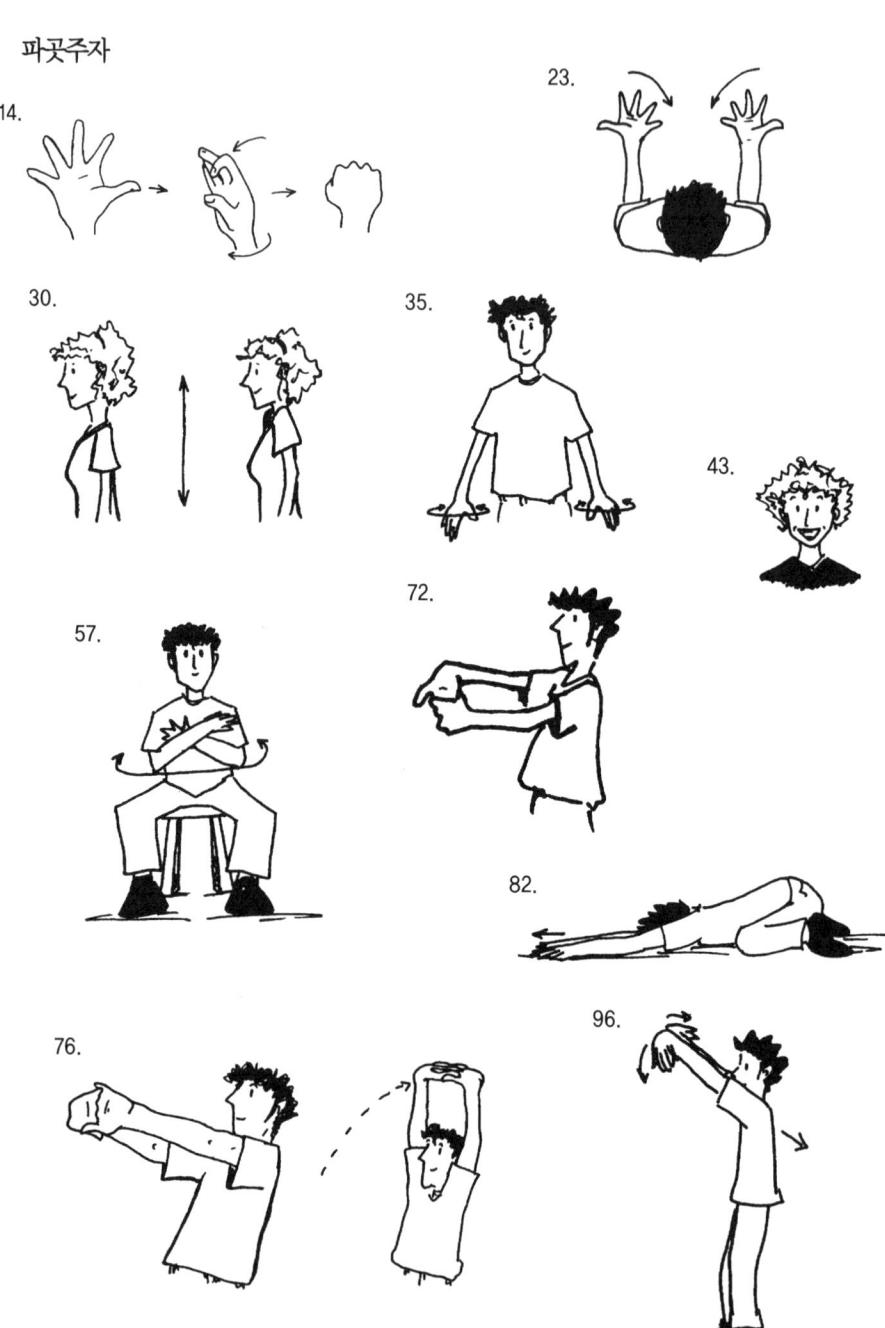

오보에주자

21.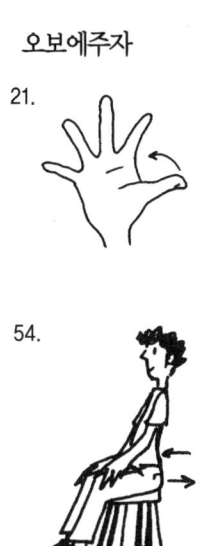

52.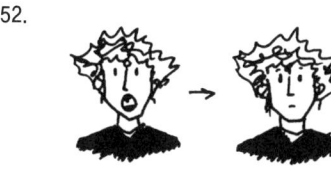

54.

68.

75.

81.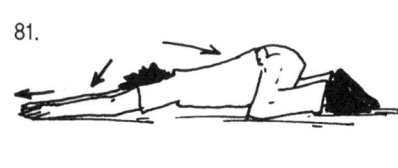

88.

97.

114.  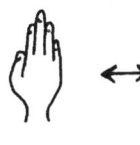 ↔

117.  →

피아노/키보드주자

15.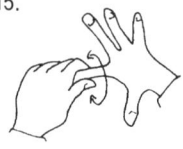
17.
23.
27.
55.
70.
74.
83.
97.
107.

드럼/퍼커션주자

14.

25.

28.

33.

54.

64.

75.

84.

96.

107.

성악가

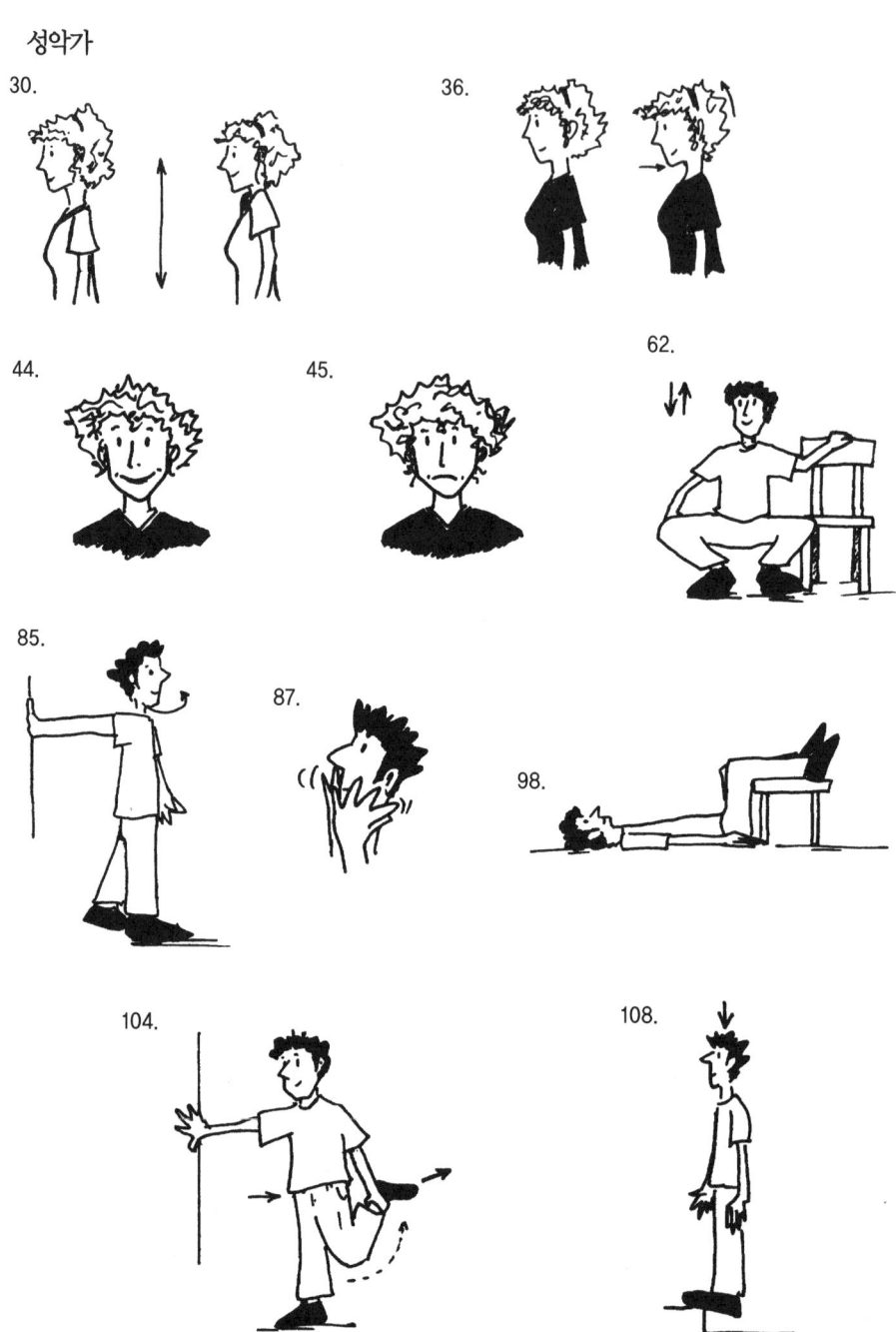

용어 해설

견갑골: 좌우의 위쪽 등 부분에 있으며, 흉곽 위에 얹혀 있다. 역삼각형 모양의 얇은 편평골(扁平骨), 흉곽을 따라서 약간 굽어 있다. 체간부와는 쇄골을 통해 골성(骨性) 연결이 이루어진다. 상완골과는 견갑상완관절(견갑골관절와·상완골두)에 의해 연결되어 있다.

견갑-상완관절: 상완골두와 견갑골의 관절와에 의해서 형성되는 구(球)관절로 이 부분만으로도 상당히 넓은 가동 영역을 갖고 있다. 좁은 뜻의 어깨관절.

견갑-흉곽 관절: 견갑골과 흉곽 사이에서 미끄러지는 관절 모양의 부분. 진짜 관절은 아니지만 견갑대를 형성하는 관절(넓은 뜻의 어깨관절)에 해당된다. 이 견갑골의 움직임이 견갑상완관절의 움직임과 연동해서 커다란 가동 영역을 확보한다.

공동근(共動筋): 어떤 동작을 할 때 동시에 작용하는 근조직·근군(筋群). 협력근이라고도 한다. 예를 들면 상완이두근과 상완근의 경우, 중요한 구동을 담당하는 상완이두근을 주동근(主動筋), 그것을 돕는 상완근을 공동근이라고 한다. 길항근과 마찬가지로 여기에서도 양자가 모두 절묘한 동작을 만드는 걸 돕는다.

과호흡: 호흡 횟수의 증가, 호흡운동 심도(深度)의 증가, 또는 양쪽 원인으로 유발되는 호흡.

관절: 2개 이상의 뼈를 연접시키는 가동성 결합부. 결합부분의 표면은 마찰을 피하는 작용을 가지는 관절 연골로 덮여있다. 관절 연골의 마찰계수는 자가용 타이어의 1~2/1000정도까지 감소한다. 그리고 이 부분은 관절막에 의해 폐쇄강(閉鎖腔)을 형성하고 있다. 또한, 각각의 움직임에 따라 다른 타입의 가동 관절이 존재한다. 예를 들면 활주(滑走)관절(수근골) 사이의 관절·족근중족관절, 과상관절(요골과 수근골의 관절·제2·3·4중지절관절), 구(球)관절(어깨〈견갑상완〉관절·허벅지 관절), 접번(蝶番)관절(팔꿈치 관절〈완척관절〉·발관절·무릎관절), 안(鞍)관절(엄지손가락의 수근중수관절), 차축(車軸)관절(제1경추와 제2경추의 배합 타입) 등. 또, 넓은 뜻의 관절로는 가동(可動)

관절, 부동(不動)관절(두개골의 봉합 · 치근과 하악골의 관절), 반(半)관절(치골결합 · 원위형 장딴지 관절)이 포함된다.

굴곡: 수평축을 중심으로 정중앙 면의 위치에서 행해지는 자동적 · 타동적인 관절 앞쪽의 움직임.

근원(筋原)섬유: 골격근과 심근의 근섬유를 구성하는 미세한 섬유로 악틴과 미오신이라는 2종류의 단백성 필라멘트로 이루어진다. 근원섬유 수백 개가 모여서 하나의 근섬유가 된다.

근육의 공동(협력)작용: 어떤 움직임을 하기 위해서 2개 이상의 근육이 함께 움직이는 것.

길항근(拮抗筋): 관절을 사이에 두고, 반대 작용을 서로 동시에 행하는 한 쌍의 관절을 말한다. 예를 들면 상완이두근을 수축시킴으로써 팔꿈치 관절을 구부리는 경우, 상완삼두근(팔꿈치를 펼 때 작용한다)은 길항근이 된다. 이 경우 상완삼두근은 원심성(익센트릭)으로 수축: eccentric contraction하고 있다. 또 상완이두근을 주동근(主動筋)이라고 하며, 수축성(콘센트릭)으로 수축: concentric contraction하고 있다. 이 양자가 함께 절묘한 동작을 만들어낸다. 그와 동시에 가동 관절의 연골면도 보호하고 있다.

내반(內反): 발 뒤쪽의 제1지(엄지발가락 쪽을 보일 때의 발 관절의 복합 동작. 이 움직임은 신전 · 내전 · 회외에 의해 이루어진다.

내선(內旋): 전액축(前額軸)을 중심으로 수평면에서 이루어지는 안쪽 방향으로 회전하는 자동적 · 타동적인 관절의 움직임.

내전(內轉): 전액면(前額面)과 화살모양 축의 위치에서 이루어지는 체간부의 중심선(정중앙선)으로 향해서 안쪽으로 접근하는 자동적 · 타동적인 관절의 움직임을 말한다. 옆으로 힘껏 펼친 팔이나 다리를 되돌릴 때 체간에 가까이 대는 동작 등이 이것에 해당된다.

뇌: 신경활동의 중추를 이루는 부분. 일반적으로는 대뇌 · 간뇌 · 뇌간(중뇌 · 교(橋) · 연수) · 소뇌를 가리키며, 척수와 합쳐서 중추신경이라고 한다. 이 중추신경은 경막과 지주막에 싸여 뇌척수액 안에서 보호되고 있다. 불과 약 100ml인 뇌척수액의 부력 덕분에 1.5kg 정도의 뇌 무게가 200g 전후로 경감되고 있다. 이 구조는 중추신경(뇌

척수)의 생존에서 상당히 유리하게 작용하고 있다.

뇌간: 중뇌(中腦) · 교(橋) · 연수의 총칭. 생명유지에 중요한 자율기능을 조정하는 부위가 있다.

대뇌: 두엽골(頭葉骨)의 안쪽에 존재하는 뇌의 대부분을 차지하며, 대뇌 반구의 표면에는 외견상 뇌회(腦回)와 뇌구(腦溝)를 볼 수 있다. 좌우의 뇌반구와 그것들을 신경섬유에 연결하는 뇌량(腦梁)으로 이뤄지며, 뇌량의 아래쪽에는 투명 중격(中隔)으로 가로막힌 좌우의 측뇌실(側腦室)을 볼 수 있다. 진화과정에서 가장 후기에 발달했기 때문에 종뇌(終腦)라고도 하며, 사람의 기본적인 운동 및 정신활동을 통제하는 중추가 있다.

대뇌피질: 대뇌 반구의 표층을 덮는 회백색으로 회백질(灰白質)이라고도 하며, 신경세포가 존재하고 있다. 부위에 따라서 감각 · 운동 및 정신활동 중추가 있고, 여기에서 신경섬유가 주행하고 있다. 표면에 있는 큰 홈을 근간으로 전두엽 · 두정엽 · 측두엽 · 후두엽으로 나눠지고, 중심구(로랜드구)를 경계로 전두엽과 두정엽, 실비우스열(裂)을 경계로 전두엽과 측두엽으로 명확하게 구분된다. 이 중심구를 경계로 한 중심 전회(前回)에 운동야(運動野)가 있고, 중심 후회(後回)에 감각야(感覺野)가 있다. 그리고 전두엽에서 정신활동(이성)을 한다. 또, 두정엽과 후두엽에는 명확하게 구분되는 큰 홈은 없다.

복사뼈: 발목 관절의 내 · 외측에 돌기한 골성(骨性)부분으로 과부(果部)라고도 한다. 경골의 말단부에 가까운 안쪽을 내과(內果), 비골의 말단부에 가까운 바깥쪽을 외과(外果)라고 한다.

상완골: 위팔을 형성하는 장관골(長管骨)로, 근위단(상완골두)은 견갑골관절와와 견갑상완 관절을, 원위단(상완골활차부)은 척골주두부와 완척 관절을 구성하고 있다.

생리학: 인간의 정상적인 움직임을 통치 · 조절하는 메커니즘이나 기능을 연구하는 학문.

소뇌(小腦): 대뇌(후두엽)의 아래, 중뇌의 뒤쪽에 위치하고 있으며, 좌우의 소뇌반구와 소뇌충부로 구성되어 있다. 중추신경의 추체외로계의 일부를 담당하며, 기능은 주로 신체의 평형, 운동기능의 조절 등이다. 이 부분에 장애가 일어나면 정밀하게 움직일 수 없게 되며, 걸음걸이도 불안정하게 된다.

시상하부(視床下部): 시상의 아래쪽에 위치하고, 간뇌(間腦)의 일부에 포함되는 자율신경계의 중추가 되는 부분. 시상하부에서는 각 호르몬도 산생(産生)하고 있으며, 그 분비 중추인 뇌하수체와 누두(漏斗)를 통하여 연결되어 있다. 중요한 역할로서 수면과 기상 조정 외에 생명유지활동의 조절기능을 들 수 있다.

※「시상」을 나타내는 라틴어 Thalamus란 「허니문 첫날밤의 침대」를 의미하고 있는데, 쉽사리 엿볼 수 없는 점을 인체의 깊숙한 뇌와 관련지은 상당히 로맨틱한 명명(命名)이다.

신경분포: 해부학상의 각 장기나 기관 등에 주행하는 신경의 분포 상태.

신전(伸展): 수평축을 중심으로 정중앙면의 위치에서 행해지는 자동적·타동적인 관절의 뒤쪽 움직임.

에르고노믹스: 인간의 신체적·심리적 특성에 적합한 기계나 기구를 만드는 것으로, 작업효율을 높이고, 부담을 경감하는 것을 목적으로 한 연구를 하는 학문. 인간공학

외반(外反): 발 뒤와 발뒤꿈치가 바깥쪽으로 향하고, 발의 안쪽 가장자리(內緣)로 설 때의 발의 복합동작. 이 움직임은 굴곡·외전·회내에 의해 이루어진다.

외선(外旋): 앞이마를 중심으로 수평면에서 이루어지는 바깥쪽 방향으로 회전하는 자동적·타동적인 관절의 움직임.

외전(外轉): 앞이마 면·화살모양 축의 위치에서 이루어지는 신체의 중심선(정중선)부터 바깥쪽 방향으로 벌어지는 자동적·타동적인 관절의 움직임. 팔이나 다리를 옆으로 올리는 움직임이 이것에 해당된다. 체간부, 두부의 경우는 측굴(側屈)이라고 함.

요굴(橈屈): 손 관절의 손바닥 면의 운동에서 자동·타동운동에 관계없이 손목이나 손가락이 요골 쪽으로 구부러질 때의 손목 특유의 움직임.

운동 신경: 근육과 신경과의 관련성 때문에 일반적으로는 신경에서 근육으로 전달되는 골격근을 수축시키는 흥분을 가리킨다.

2관절근: 2개 이상의 관절을 넘어 존재하는 근육. 근육의 시작과 정지가 2개의 관절을 넘고 있다. 예를 들면 허벅지 관절과 무릎 관절을 걸치는 봉공근(縫工筋) 같은 것을 말한다.

척굴(尺屈): 손 관절의 손바닥 면 운동에서 자동·타동운동에 관계없이 손목이나 손

가락이 척골(尺骨)쪽으로 구부러질 때의 손목 특유의 움직임.

척수(脊髓): 후두골(後頭骨)의 대후두공(大後頭孔)을 나온 부분부터 제1요추골 하부 부근까지의 척추 관내를 종주하는 중추신경계의 한 구성성분. 척수는 뇌에서 정보를 전달하고, 그곳에서 분절적(分節的)으로 나오는 척수신경이 원심성으로 운동 자극을 전달하는 한편, 사지·체간부로 모아진 체성(體性)감각을 뇌에 투사하는 구심성(求心性) 전도로(傳導路)로서 기능한다. 또, 척수반사(신장반사)기능을 담당한다.

척추 전만(前彎): 척추에서의 자연스런 곡선으로 경추와 요추로부터 앞쪽으로의 만곡(彎曲)을 가리킨다. 또, 이러한 부위가 극단적으로 만곡하고 있는 경우에도 이 말을 사용할 수 있다.

척추 후만(後彎): 척추의 자연스런 곡선이란 흉추 부분 뒤쪽의 凸형태의 곡선을 가리키는 경우가 많다. 따라서 흉추 부분이 극단적인 凸형태로 구부러지거나, 경추나 요추 부분이 후만하고 있을 때는 이상한 후만으로 생각할 수 있다.

콜라겐: 뼈·힘줄·피부 등에 많이 포함되어 있는 섬유상의 경성 단백질로 이루어지는 콜라겐섬유의 집합체로 압력·인장·마찰 등의 부하에 대응할 수 있는 내구조직을 형성하고 있다. 뼈 조직은 주로 Ⅰ형 콜라겐, 관절 연골은 주로 Ⅱ형 콜라겐에 의해 구성되어 있다.

펜필드와 라스무센의 소인(小人): 대뇌피질의 운동야(運動野:중심 전회) 레벨에서의 신체의 각 부분을 묘사한 그림. 삽화에서의 부위 크기는 지배신경(신경세포)의 총량, 나아가서는 기능의 중요성에 의거하고 있다. 예를 들면 정교하고 치밀한 운동을 하는 손가락이나 다채로운 표정을 짓는 얼굴 면, 그리고 삼킴(嚥下)이나 발언(發語)·발성을 담당하는 인두부(咽頭部)는 다른 부분보다 크게 표출되어 있다.

허벅지 관절: 대퇴골과 골반을 연결하고 있는 관절. 대퇴골 근위단(近位端)인 대퇴골두(大腿骨頭)와 골반(관골)구개(臼蓋)는 구(球)관절을 형성하고 있으므로 비교적 넓은 가동 영역을 가진다.

혈류 분포: 체내 기관이나 말초 부분에 혈액을 순환시키는 맥관계의 분포 영역. 주로 모세혈관을 의미한다.

활액(滑液): 관절을 둘러싸는 활막(내막)에서 분비되는 점성의 윤활액. 관절액이라고도 한다.

회내(回內): 팔꿈치 관절을 90°로 구부려서, 손바닥이 바닥 쪽을 향하고 엄지손가락이 안쪽을 향할 때, 주로 팔꿈치 관절(근위요척관절)에서 행하는 자동적·타동적인 앞팔의 움직임.

회외(回外): 팔꿈치 관절을 90°로 구부려서, 손바닥이 찬장 쪽을 향하고, 엄지손가락이 바깥쪽을 향할 때, 주로 팔꿈치 관절에서 행하는 자동적·타동적인 앞 팔의 움직임.

흉쇄(胸鎖)관절: 흉골·쇄골의 안쪽, 제1늑골의 연골 사이에 있는 낱알 모양의 관절.

참고문헌

ALTER, M. J., Los estiramientos. *Desarrollo de ejercios,* Barcelona, Paidotribo, 2000.
ANDERSON, B., *Estirándose,* Barcelona, Integral, 1984.
BERTHERAT, T., *El cuerpo tiene sus razones,* Barcelona, Paidós, 1990.
BESTRATÉN, M. y otros, *Ergonomía,* Barcelona, Instituto Nacional de Seguridad e Higiene en Trabajo. Centro Nacional de Trabajo, 1994.
CALAIS-GERMAIN, B., *Anatomía para el movimiento,* tomo I, Barcelona, La liebre de marzo, 1998.
_____, *Anatomía para el movimiento,* tomo II, Barcelona, La liebre de marzo, 1998.
CHAMANGE, Ph., *Prévention des troubles fonctionnels chez les musiciens,* Onet-le-Château, Alexitère, 1996.
_____, *Education physique preventive pour les musiciens,* Onet-le-Château, Alexitère, 1996.
EINSINBAGH, Th. y WESSINGAGHE, Th., *Gimnasia correctiva postural,* Barcelona, Paidotribo, 1995.
ESNAULT, M. y VIEL, E., *Stretching (estiramientos miotendinosos), Automantenimiento muscular y articular,* Barcelona, Masson, 1999.
FELDENKRAIS, M., *Autoconsciencia por el movimiento,* Barcelona, Paidós, 1997.
FUCCI, S. y otros, *Biomecànica de l'aparell locomotor aplicat al condicionament muscular,* Barcelona, Doyma, 1988.
GARCÍA MANSO, J. M., NAVARRO VALDIVIESO, M. y RUIZ CABALLERO, J. A., *Bases Teóricas del Entrenamiento Deportivo. Principios y aplicaciones,* Madrid, col. Entrenamiento Deportivo, Gymnos, 1996.
GOMILA SERRA, J. B. y LLoret RIERA, M., «Anàlisi Funcional de l'Activitat Física Musical. Estudi pilot d'un cas individual i d'un col.lectiu». Treball d'investigació postgraduat, Barcelona, INEFC, 1999.
GUYTON, A., *Tratado de fisiología médica,* Madrid, Interamericana-McGraw-Hill, 1992.
I. B. V., *Guía de recomendaciones para el diseño de mobiliario ergonómico,* Valencia, Instituto de Biomecánica de Valencia, 1992.
KAPANDJI, I. A., *Cuadernos de fisiología articular,* Barcelona, Masson, 1988.
NORRIS, R., *The musician's survival manual: a guide to preventing and treating injuries in instrumentalists,* San Luis, International Conference of Symphony and Opera Musicians,

MMB Music, 1995.
OROZCO, L y SOLÉ, J., *Tecnopatías del Músico,* Barcelona, Aritza, 1996.
_____, *Crónicas médicas de la Música Clásica.* Barcelona, Aritza, 1999.
PAZOS, J. M. y ARAGUNDE, J.L., *Educación postural,* Barcelona, Biblioteca temática del deporte, Inde, 2000.
SEBASTIANI, E. M. y GONZÁLEZ, C. A., *Cualidades físicas,* Barcelona, Biblioteca temática del deporte, Inde, 2000.
SOUCHARD, Ph., *Stretching global activo (II),* Barcelona, Paidotribo, 1998.
SOUCHARD, Ph. E., *La respiration,* Saint-Mont, S.E.D., Le pousoé, 1988.
TORRES, B. y GIMENO, F., *La voz. Bases anatómicas,* Barcelona, Médica JIMS, 1998.
WATKINS, J., *Structure and Function of the Musculoskeletal system,* EE.UU., Human Kinetics, 1999.
WIRHED, R., *Habilidad atlética y anatomía del movimiento,* Londres, EdiKaMed, 1998.